퇴근 후, 독립출판

작은 책방을 운영하며 진행한 독립출판 모임과 강의 내용이 모여 『퇴근 후, 독립출판』이 되었습니다.

퇴근 후
독립출판

구선아

R

차례

Chapter 01 독립출판이란
01 독립출판이란 무엇인가 _ 10
02 독립출판 어떻게 변했나 _ 13
03 독립서점과 독립출판의 관계 _ 16
04 독립출판 왜 할까 _ 19
05 독립출판 말고 책 어떻게 낼까 _ 22

Chapter 02 내 콘텐츠 찾기
01 내 콘텐츠는 무엇일까 _ 32
02 왜 쓰려고 하는가 _ 36
03 왜 책을 내고 싶은가 _ 38
04 책의 주제 정하기 _ 41
05 장르 및 콘셉트 정하기 _ 43
06 책 제목 정하기 _ 46
07 내 책의 타깃독자는 누구인가 _ 49
08 내 책의 차별성은 무엇인가 _ 51
09 출간 기획서 쓰기 _ 53

Chapter 03 원고 쓰기
01 원고 작성 계획하기 _ 58
02 메모는 글쓰기의 시작 _ 61
03 많이 읽기 _ 64
04 많이 보고 듣고 모으기 _ 67
05 많이 생각하기 _ 69
06 주제에 맞는 소재 찾기 _ 71

07 매일 쓰기 _ 73
08 한 문장 쓰기 _ 78
09 문단 쓰기 _ 80
10 원고 완성하기 _ 82
11 프롤로그, 에필로그 쓰기 _ 84
12 이미지 파일 준비하기 _ 86
13 교정, 교열하기 _ 89
14 작가소개 작성하기 _ 94
15 판권지 작성하기 _ 97

Chapter 04 디자인 및 제작
01 책의 명칭 알기 _ 102
02 디자인 콘셉트 정하기 _ 105
03 도서 디자인 외주 맡기기 _ 108
04 직접 디자인하기 _ 111
05 인쇄 및 제작 _ 119

Chapter 05 독립출판물 판매하기
01 출판사 창업하기 _ 136
02 발행자 번호 및 ISBN 받기 _ 141
03 유통 및 판매하기 _ 143
04 마케팅 및 홍보하기 _ 153

머리말

2017년이 시작되던 때, 작은 책방을 열었습니다. 모든 게 어설프기 짝이 없는 작은 책방이었지만, 많은 독립출판 창작자가 자신의 책을 소개하기 위해 책방을 찾아주었습니다. 그중에는 질투가 날 정도로 멋진 책도, 진솔한 이야기가 따뜻한 책도, 예쁘다 못해 사랑스러운 책도 있었습니다.

책방 운영자로서, 독자로서, 창작자로서 모든 책이 좋다고 말한다면 거짓말입니다. 하지만 독립출판물은 기존 책과는 다른 의미가 있습니다. 독립출판은 기본적으로 자신의 콘텐츠를 자신이 직접 제작합니다. 이에 독립출판물은 창작자의 정체성이 고스란히 담겨 있습니다. 제목, 표지, 색깔, 폰트, 사진 하나에 창작자의 취향, 의도, 기분, 관심사, 좋아하는 것, 싫어하는 것이 나타납니다. 소비자 혹은 독자는 책 한 권을 단순히 소비하는 것을 넘어 한 사람을 만나게 됩니다.

책을 사고 읽는 사람이 점차 줄어든다는 요즘이지만, 많은 사람이 글 쓰는 삶을 원하고 독립출판을 꿈꿉니다. 사람들은 왜 독립출판을 꿈꾸는 것일까요. 나를 표현하고 또 다른 프로젝트로서 부수입을 얻고, 작가라 불리며 사람들에게 인정

받는 삶을 원하는 것일까요. 누구나 꿈꾼다는 책과 책방 사이의 로망 때문일까요. 어쩌면 바쁜 일상 속에서 잃어버린 나를 찾기 위한 일인지도 모른다는 생각이 들었습니다.

작은 책방을 운영하며 책방과 도서관, 기관, 기업 등에서 진행한 독립출판 모임과 강의 내용이 모여 『퇴근 후, 독립출판』이 되었습니다. 이 책이 누군가에게 새로운 기회이자 설렘이 되길 바랍니다.

오늘도 작은 책방에서

구선아

Chapter 01

독립
출판이란

01

독립출판이란 무엇인가

"독립출판이 무언지 잘 알지 못하지만, 저도 독립출판을 하고 싶어요"라고 말하는 사람이 많아졌습니다.

취향이자 놀이가 된 독립출판

요즘 개인이 각자의 취향과 관심사를 모아 책자 형태로 출간하는 독립출판물이 급속도로 늘고 있습니다. 독립출판(independent publishing)이란 출판물의 기획부터 제작, 홍보, 유통까지 기존 출판사의 도움을 받지 않고 제작자가 독립적으로 진행하는 것을 의미합니다.

기존 출판문화의 하위문화 형태로 처음 나타난 독립출판은 독립적이고 창의적인 형태로 MZ세대라 불리는 젊은 층이 주도하고 있습니다. 출판문화의 변화, 온라인 플랫폼의 확장과 독립서점 증가에 따른 독립출판 시장의 변화로 더욱 증가하고 있습니다.

독립출판은 '자유출판', '개인출판'과 같은 의미로 사용되기도 합니다. 독립출판은 내용과 형식에 제약이 없고, 인쇄 기술의 발달과 다양한 플랫폼의 등장으로 누구나 할 수 있습니다. 사람들은 살면서 생각보다 어떤 일이든 A부터 Z까지 할 수 있는 일이 많지 않습니다. 독립출판은 오롯이 내가 A부터 Z까지 하는 일입니다. 세부적으로 이야기하면 '출판기획 - 원고 쓰기 - 편집 및 교정 - 디자인 - 인쇄 제작 - 유통 - 홍보마케팅'의 전 과정이 포함됩니다. 저도 책방을 운영하기 이전까진 독립출판을 제대로 알지 못했습니다. 하지만 많은 독립출판물을 만

났습니다. 처음 독립출판물을 접한 것은 〈소소시장〉이라는 독립출판 마켓과 서촌의 독립서점 '가가린(현재 폐업)'이었습니다. 질투가 날 정도로 멋진 것도 있었고, 어떻게 만들었을까 궁금한 것도 있었고, 제작자를 만나보고 싶은 독립출판물도 있었습니다. 분명한 건 독립출판물만의 매력을 느꼈습니다. 독립출판의 가장 큰 매력은 작가 혹은 제작자의 정체성이 출판물에 고스란히 드러나는 것입니다.
많은 독립출판 제작자들은 말합니다.
"한번 해 보세요. 매력에서 못 빠져나와요."
"너무 재밌어요. 성취감도 있고요."
이젠 독립출판 자체가 취향이자 놀이가 된 시대입니다.

02

독립출판
어떻게 변했나

독립출판의 성장은 독립출판 마켓과 독립서점의 성장과 무관하지 않습니다.

국내의 독립출판은 2000년대가 되면서 시작되었습니다. 일반인들이 개인의 소셜네트워크서비스를 통해 일상, 감정, 생각을 글과 사진으로 표현하는 게 일반화되고, 컴퓨터 또는 디지털 기기 및 프로그램 활용 능력이 향상되고 퍼스널 디바이스가 대중화되면서 독립출판 생산이 증가하기 시작했습니다.
초창기엔 사진, 디자인, 건축, 미술 등 시각 창작자들이 자신의 포트폴리오를 만들어 판매하거나 작품 활동의 연계로 만든 독립출판물이 많았고, 이후 기성출판에서 다루기 힘들거나 소외되었던 우울, 젠더, 동물, 가족 등의 주제가 많이 다뤄졌습니다. 현재는 SF, 퀴어, 요괴, 비건 등 그 주제는 점차 더 세분되고 다양해졌습니다.

2009년 처음 시작된 〈언리미티드 에디션〉은 독립서점 '유어마인드'에서 기획·운영하는 독립출판물 마켓입니다. 독립출판이란 무엇인지를 알리기 위해 시작된 1회 행사에서 900명이 방문하고, 900여 권의 책이 판매되었습니다. 그러던 것이 2015년 행사에는 1만 3천여 명이 몰리며 독립출판물에 대한 관심이 커졌음을 입증했습니다. 같은 해 국립중앙도서관에서도 독립출판물 400여 종 600여 권을 전시하면서 마니아층이 아닌 일반 독자로까지 관심이 확대되었습니다. 2016년에는 교보문고의 주문형 출판 서비스(POD) 이용 건수가 1만 5,500건으로 2011년 500건에 비해 31배가량 상승했고, 2017년에는 콘텐츠 퍼블리싱 플랫폼 브런치에서도 주문형 출판 서비스를 시작했습니다. 2019년 이후로는 크고 작은 도서관에서 독립출판물 서가를 별도로 구성하여 열람 및 대출이 가능해졌고, 현재는 국립중앙도서관에 ISBN이 없는 독립출판물도 문헌 보전을 위해 납본(새로 발간한 출판물을 발행일 또는 제작일로부터 30일 내 국립중앙도서관에 제출하는 제도)받아 소장하고 있습니다.

『죽고 싶지만 떡볶이는 먹고 싶어』와 같은 몇몇 책은 독립출판으로 시작해 기성출판 시장의 종합 베스트셀러 1위에 오르기도 하고, 제목이나 디자인 형태에도 많은 영향을 주었습니다.
이처럼 비주류로 여겨졌던 독립출판물이 다양성을 인정받고 소비되면서 점차 출판계와 언론 등 여러 곳에서 관심을 두기 시작했습니다. 이젠 개인의 표현 매체이자 기성출판의 대안으로 떠오른 독립출판입니다. 독립출판은 앞으로 더욱 성장할 것으로 보입니다.

03

독립서점과
독립출판의 관계

독립서점은 독립출판물을 판매하거나 책방 운영자가 특정 주제, 작가, 콘셉트를 가지고 고른 책만 판매합니다.

독립서점은 학습지와 교재, 베스트셀러를 포함하여 모든 분야의 책을 다루는 지역 서점과는 달리 독립출판물을 주로 다룹니다. 독립출판물 유통처인 독립서점은 2015년 97곳에서 2020년 551곳으로 늘어났습니다. 대한출판문화협회에 따르면 납본 기준 국내 출간 종수가 2015년 4만5,213종에서 2020년 6만7,792종으로 5년 새 45.5%나 증가한 이유를 독립출판과 1인 출판의 급속한 증가로 분석합니다. 이는 독립서점이 증가하면서 독립출판물도 증가했고, 독립출판물이 증가하면서 독립서점도 증가했다고 볼 수 있습니다.

물론 독립서점 중에는 독립출판물을 취급하지 않는 곳도 있고 기성출판물 비율이 훨씬 많은 서점도 있습니다. 하지만 독립서점이 많아지면서 독립출판물 유통처가 늘어났고, 직접 독립출판 출간을 하기도 합니다. 서울은 물론 전국 곳곳의 서점이 오프라인, 온라인을 통해 독립출판과 관련한 글쓰기, 그림 그리기, 책 디자인하기, 책 제작 및 유통 등 독립출판 관련 강의와 모임을 열고 있으며, 직접 출판사 등록을 하여 독립출판 제작과 유통을 하기도 합니다.

앞서 설명한 〈언리미티드에디션〉과 같이 독립서점이 독립출판 마켓을 기획, 운영하면서 1인 창작자, 1인 출판사의 활동을 확장하고, 독립출판생태계 구축을 도모합니다. 〈퍼블리셔스테이블〉, 〈오프페이퍼〉, 〈책보부상〉 등 독립서점을 주축으로 한 독립출판 마켓이 늘고 있으며, 창작자는 마켓에서 새로운 출판물을 선보이기 위해 마켓 시작 시기에 맞춰 출판물을 제작하는 경우가 많아지고 있습니다.
독립서점 자체가 독립출판의 생산과 소비 거점이 된 오늘입니다.

04

독립출판 왜 할까

'누군가는 팔리지 않는 책 혹은 팔리지 않을 책을 왜 쓰고 만드냐'고 말할지 모릅니다.

대부분의 경우에는 책을 쓰거나 팔아 부자가 되긴 힘듭니다. 가끔 몇십만 부가 판매되는 책을 보면 부럽지만 모든 운동선수가 금메달을 딸 수 없는 것처럼, 모든 창업자가 페이스북을 만들 수 없는 것처럼, 모든 작가가 잘 팔리는 작가가 된 힘듭니다. 하지만 미리 내 글쓰기 재능을 판단하지도 내 책의 판매량을 따지지 않아도 됩니다. 분명 독립출판 과정을 통해 얻는 것이 있을 테니까요.

독립출판을 하는 이유는 다양합니다. 우선 내 이야기를 내 손으로 나답게 만들고 싶은 이유가 가장 큽니다. 자신을 꼭 빼닮은 책을 보면 꽤 큰 성취감이 듭니다. A부터 Z까지 모든 과정에 대해 생각하고 선택하다 보면 한 권의 책이 완성된 후엔 좀 더 성장한 나를 만날 수 있습니다.

모든 인간은 창작의 욕구가 있습니다. 그 욕구의 발현이 글쓰기, 그림, 음악, 요리, 뜨개질 등으로 다르게 나타날 뿐입니다. 더군다나 책 만들기는 꽤 재밌습니다. 즉각적인 즐거움과 쾌락이 아닌 혼자 고됨과 지루함을 버텨낸 후 만나게 되지만 맛있는 디저트를 먹거나 좋은 옷을 산 후에 느끼는 기쁨과는 분명 다릅니다. 그리고 가끔은 내 책을 사는 소비자를 만나고 내 책의 독자와 마주하는 기쁨을 갖게 되기도 합니다. 또한 책을 통해 새로운 인연을 만듭니다. 스펙타클하거나 감동적인 이야기는 아니더라도 현재를 살아가는 누군가와 취향이 맞닿고, 또 누군가와는 정서적 공감을 나누게 됩니다. 때로는 독립서점 운영자나 다른 독립출판 작가와 만나 친구가 되기도 하고 생각지 못한 기회를 통해 새로운 일에 도전하기도 합니다.

현대 사회가 더 빠르게 변화하고 복잡해지면서 허무와 허탈감을 토로하는 개인이 많아지고 있습니다. 개인을 들여다보고 나를 알아가는 시간이 자꾸만 밥벌이에 밀리기 때문입니다. 많은 사람이 글을 쓰고 책을 만드는 성취감과 즐거움을 알게 되기를 바랍니다.

05

독립출판 말고
책 어떻게 낼까

자비출판과 독립출판을 혼동하는 사람이 많습니다.

자비출판을 할까

자비출판과 독립출판은 둘 다 개인이 비용을 내는 것은 같지만 자비출판은 출판사를 섭외하여 비용을 지불하고 출간을 의뢰하는 방식입니다. 모든 기성출판사에서 자비출판을 하진 않으며, 자비출판만 하는 출판사가 있고 일부 분야만 자비출판 하는 출판사도 있습니다. 자비출판 비용은 출판사마다 다릅니다. 일반적으로 비유통 도서와 유통도서로 나뉘고, 발행 부수에 따라 출간비용도 차이가 납니다. 요즘엔 50부부터 출간 가능한 출판사들이 있습니다. 출간비용에는 기본제작 사양의 책 제작비와 유통 및 창고의 물류비가 포함되어 있고, 전자책 제작이 포함된 곳도 있습니다.

이렇듯 자비출판은 출판사마다 비용과 퀄리티, 지원 내용이 모두 다르니 여러 곳 비교 후에 결정해야 합니다. 자비출판의 장점은 자서전이나 교재, 전문서적 등과 같이 정확한 대상이 있는 출판물일 경우에 권합니다. 제작비를 자신이 부담하므로 인세가 40%~50%까지 지급되기도 합니다. 독자 타깃이 명확하고 판매량을 가늠할 수 있는 저자라면 자비출판이 유용합니다. 단점은 일반출판사처럼 꼼꼼한 교정·교열이나 편집 디자인, 적극적인 홍보나 유통을 기대하기 어렵습니다. 따라서 지속해서 글을 쓰고 출판할 저자에겐 권하지 않습니다.

주문형 출판(POD) 출판은 어떨까

주문형 출판이란 줄여서 POD(Publish On Demand)라 불리는 서비스를 말합니다. POD 출판 플랫폼을 통해 누군가 책을 주문하면 그때 책을 인쇄 제작하여 발송해주는 출판 시스템입니다. 부크크, 교보문고 퍼플 외 브런치, 북팟 등 여러 플랫폼에서 POD 출판 서비스를 하고 있습니다. POD의 가장 큰 장점은 초기 비용이 적게 들거나 무료입니다. 표지나 내지 디자인도 플랫폼 시스템에 맞춰 모두 무료로 사용 가능합니다. 그리고 이후 책이 판매되면 작가에겐 인세가 지급됩니다. 최근에는 원고 교정, 편집 디자인, ISBN 발급, 인쇄, 출판유통을 모두 해주는 곳도 많아졌습니다. 하지만 획일화된 디자인으로 만들어지고 오프라인 대형서점, 독립서점 유통이 어려우며, 작가가 직접 독립서점 등에 유통할 때에도 평균 공급률보다 높은 가격에 구입해야 한다는 단점이 있습니다.

이외에도 전문 출판 플랫폼은 아니지만, 글과 사진으로 개인의 기록을 모아 한두 권 소장 목적으로 책을 만들어주는 서비스가 있습니다.

출판사에 투고할까

처음 출간을 준비하는 분들이 가장 많이 시도하는

방법입니다. 책 만들기보다 글을 쓰고 나누는 것에 목적을 둔다면 투고를 권합니다. 경제적으로 가장 안정적이고 보다 좋은 퀄리티의 책이 나오는 방법입니다. 요즘은 프로 작가나 등단 작가가 아니더라도 여러 분야의 생활인이 책을 내는 상황이 되었으니 도전해볼 만합니다. 하지만 똑같은 이유로 가장 어려운 방법이기도 합니다. 중대형 출판사는 물론 소규모 출판사도 일주일에 투고되는 원고가 무척이나 많습니다. 그리고 그 수는 계속 증가하고 있습니다. 여러 투고 원고 중 내 원고가 채택되기 위해선 몇 가지가 전제되어야 합니다. 첫째, 명확한 콘셉트를 가지는 것, 둘째, 양질의 원고를 쓰는 것, 셋째, 내 원고와 알맞은 출판사를 찾는 것입니다.

투고의 과정은 생각보다 간단합니다. 글쓰기가 완료된 초고와 간략한 출간 기획서를 동봉하여 투고하면 됩니다. 많은 출판사에 한꺼번에 투고하는 것은 지양해야 합니다. 인터넷 카페나 몇몇 책 쓰기 강좌에서 돌아다니는 투고 가능한 출판사 리스트에 모두 보내는 것도 지양합니다. 간혹 여러 출판사 이메일 주소를 다 노출하여 단체 메일로 보내는 분도 있습니다. 내가 출판사 대표라면, 편집자라면 이런 메일을 꼼꼼하게 살펴볼까요? 대부분의 출판사 홈페이지에 들어가면 투고 방법이나 양식 등이 안내되어 있으니 꼭 확인하시기를 바랍니다.

출판사 계약 시 인세는 자유계약 원칙에 따라 출판사와 저자의 협의로 자유롭게 책정되는데요. 평균 8%~10%입니다. 번역서인 경우나 기타 계약사항에 따라 6%~10% 정도입니다. 간혹 슬라이딩 시스템 계약이라고 하여 초판, 5,000부 초과, 10,000부 초과 시 %를 달리 계약하는 예도 있습니다.

〈인세 종류〉
- 선인세 : 판매 전에 일괄 인세 지급
- 후인세 : 모두 판매되어 재 제작하기 전에 지급
- 매년 정산, 매월 정산, 분기 정산
- 초판 1쇄가 판매된 후 2쇄 전에 지급

블로그, 브런치 등 글쓰기 플랫폼을 활용할까

얼마 전까지만 해도 파워 블로거들의 도서 출간이 많았습니다. 현재도 유튜브나 인스타그램에서 유명한 사람들의 콘텐츠도 사진집, 요리책, 육아 책, 시집, 여행 등으로 꾸준히 출간되고 있습니다. 이는 개인의 이야기 즉, 에세이 분야가 출판계에서 주목받고 있기 때문입니다. 2016년 예스24 에세이 등록 권수가 1,668권인데 반해 2019년은 3,208권으로 증가했고, 2020년에는 2019년 대비 에세이 판매 권수가 26% 증가했습니다. 네이버 블로그는 새롭게 개편하여 젊은 세대를 끌어들이고 있고, 콘텐츠 출판 플랫폼인 브런치에 등록된 작가는 2017년 2만 명에서 2020년 4만 명으로 증가했고, 브런치 작가가 출간한 도서는 약 3,300권 정도가 됩니다.

이처럼 지극히 개인적인 이야기가 책이 되는 시대. 누구나 작가가 되는 시대가 되면서 글쓰기 플랫폼도 부쩍 늘고 있습니다. 각종 글쓰기 앱도 많이 개발되었습니다. 아직 투고나 출판이 버거운 사람이라면 글쓰기 플랫폼을 이용해보세요. 내 콘텐츠를 꾸준히 올리면 누군가 내 콘텐츠에 관심을 보이기도 합니다.

2019년 가을, 겨울 카카오 프로젝트100 시즌 1을 진행하던 때였습니다. 100일간 브런치에 '책방 운영자의 문장일기'라는 이름으로 글을 올렸습니다. 읽은 책 속 문장을 하나 뽑고, 문장에서 뻗어 나온 제 이야기를 썼습니다. 날 것의 짧은 이야기였죠. 그런데 20개쯤 글을 올린 날, '딩동, 작가님께 새로운 제안이 도착했습니다!' 메일 한 통이 도착했습니다. 출판사 편집자가 '문장일기'의 도서 출간 의사가 있는지 묻는 메일이었습니다. 10일 후 출간 계약을 했고 6개월 후인 2020년 4월 말 책이 출간되었습니다. 그 책이 바로 『때론 대충 살고 가끔은 완벽하게 살아』입니다.

편집자는 수많은 개성 있는 브런치 글 사이에서 왜

이 글을 눈여겨봤을까요? 글이 뛰어나서가 아닙니다. 매일 읽고 쓰는 게 일인 책방 운영자가 고른 책과 문장, 사사로운 이야기가 에세이 장르의 주 타깃층이 20~30대 여성이 공감할 수 있을 것으로 생각했기 때문입니다.

어떤 플랫폼이든 자신을 꾸준히 노출해야 합니다. 자신의 글을 알릴 줄 알아야 합니다. 세상은 숨은 고수보다 발견할 수 있는 선수를 원하니까요.

공모전에 도전해볼까

지금은 글 쓰는 사람이 되기 위해, 책을 내기 위해 다양한 방법이 존재합니다. 한때는 작가가 되기 위해선 신춘문예나 출판사 공모전밖에 없다고 생각하던 시절이 있었습니다. 물론 지금도 신춘문예와 출판사 공모전을 준비하거나 관심 있는 사람이 많습니다. 저도 매년 1월엔 신춘문예 당선작을 찾아보거든요. 한 번도 응모하지 못했지만, 출판사 소설 부문 공모전 당선을 꿈꾸기도 합니다. 이외에도 여러 기업과 지자체, 재단, 또는 온라인 플랫폼에서 공모전을 개최합니다. 그리고 그 수는 점점 더 많아지고 있습니다. 공모전에 당선되면 상금뿐 아니라 출판까지 해주는 곳들이 많습니다.

장르문학을 쓰는 사람은 교보문고 스토리 공모전도

좋고, 시나리오를 쓰는 분들은 방송사에서 개최하는 공모전도 추천합니다.

〈출판사 신인문학상 공모전〉
• 문학과사회 • 문학과지성사 • 문학동네 • 비룡소 • 사계절 • 웅진주니어 • 자음과모음 • 창비 • 현대문학 등

Chapter 02

내 콘텐츠 찾기

# 01

내 콘텐츠는
무엇일까

독립출판의 경우 나의 이야기를 내 방식으로 표현하는 것이 가장 큰 특징이자 매력입니다.

잘 팔리는 책, 사람들이 좋아해 주는 책도 좋지만, 먼저 나를 브랜딩하고 내 콘텐츠로 만들어진 책이 독립출판물로서 적합합니다. 최근 몇 년간 출간되는 에세이를 보면 생활인, 직업인의 책이 많습니다. 글, 그림, 사진과 같은 창작을 하는 사람 외에 버스 기사, 청소부, 경찰관, 간호사, 의사, 마트 사장 등 진솔하게 자신의 이야기를 씁니다. 사소한 일상 안에서 특별한 개인의 서사가 되어 누군가에겐 공감을, 누군가에겐 위로를 전합니다. 내 콘텐츠를 고민할 때 가장 중요한 것은 나와 이어진 것이어야 합니다. 단 한 권의 책을 위한 콘텐츠가 아닌 나의 삶과 연결된 콘텐츠를 추천합니다.

저는 미술관과 갤러리에서 1년을, 그 후 광고대행사에서 9년을 일했습니다. 회사 일이 재밌었고 프로젝트마다 애정을 쏟으며 일에 몰두했습니다. 하지만 결국 내 콘텐츠와 내 공간에 목말라 10년 차 기념으로 퇴사, 지금의 읽고 쓰는 삶을 살고 있습니다.
퇴사라는 굵직한 결정을 하는 데 오랜 시간이 걸리진 않았지만, 하루아침에 퇴사해 읽고 쓰는 삶을 살게 된 건 아닙니다. 직장인 4~5년 차 때부터 사보와 여러 웹진, 잡지에 짧은 글을 기고하거나 연재하기 시작했고, 책과 책방을 가까이했습니다. 그러다 9년 차가 되는 해 봄, 서울 동네 곳곳의 동네서점을 탐

방하고 『여행자의 동네서점』을 쓰기 시작하여, 그해 여름 해피빈을 통해 크라우드 펀딩하여 출간하게 되었습니다. 그리고 첫눈이 내릴 때쯤 떠난 제주도 여행에서 만난 책방 여행 에세이 『바다 냄새가 코끝에』 초고를 퇴사 전에 썼습니다. 쓸 때까지만 해도 퇴사 계획이 없었고, 책방을 열고 싶다 꿈꾼 적도 없었습니다. 초고를 완성할 무렵 2년 정도 고민했던 학업을 계획하면서 퇴사를 결심하고 책방 오픈을 준비했습니다. 100여 곳의 책방을 다녀본 경험만 믿고, 책방 운영은 아무것도 모른 채로 두 달 준비 끝에 책방을 열었습니다. 그렇게 책방을 여행하고 기록하고 책방을 운영하면서 지금은 책방 자체가 저의 콘텐츠가 되었습니다.

'책방' 외에 저의 콘텐츠 키워드라면 '도시'입니다. 특히 도시에서의 삶, 도시에서의 산책입니다. 도시사회학을 공부하면서 도시와 공간, 장소를 연구했고 도시성이 생성되고 도시화 되기 시작한 근대 도시에 관심이 많았습니다. 이에 근대 도시가 잘 묘사되고 근대성과 현대성이 뒤섞인 삶을 살던 사람들의 생활이 등장하는 근대 수필을 찾아 읽었습니다. 그렇게 자료를 모으고 해석하여 읽었던 것을 재편집하여 2020년에는 서울의 100여 년 전 모습과 사람들의 라이프스타일, 문화의 전환과 현대성의 등장을 이야기한 『경성 방랑』을, 2019년에는 나혜석의 1년 8개월간 세계 유람과 유학기를 담은 『꽃의 파리행』, 이상 등 6명의 지식인이 세계 도시에 관해 쓴 『이상의 도쿄행』을 엮었습니다. 오롯이 제가 쓴 글은 아니지만, 그들이 쓴 글을 발굴하고 현대어로 풀어 쓰고 재구성하여 시대는 달라도 도시를 걷고 경험한 글을 소개했습니다. 제 관심사의 확장인 셈이죠.

첫 독립출판물이라면 자신을 잘 보여주는 콘텐츠로 만들길 추천합니다. 그래야 개인의 정체성을 드러내는 게 매력인 독립출판물이 될 수 있습니다. 그리고 자신의 콘텐츠를 꾸준히 생산해 내는 힘을 얻게 될 것입니다.

02

**왜
쓰려고 하는가**

조지오웰은 글 쓰는 이유를 네 가지로 이야기했습니다. 첫 번째는 자신을 돋보이게 하는 순전한 이기심에서 오는 글쓰기, 두 번째는 내가 본 아름다움에 관해 쓰는 미학적 열정 글쓰기, 세 번째는 진실을 알리기 위한 역사적 충동 글쓰기, 네 번째는 타인에게 공감을 얻고 사회에 영향을 끼치기 위한 정치적 열망의 글쓰기입니다.

최근에는 두 가지 정도가 더 더해진 것으로 보입니다. 한 가지는 타인에게 혹은 나의 몸과 마음을 위로하기 위한 치유하는 글쓰기와 또 한 가지는 개인의 사적인 이야기를 통해 감정적 연결을 위한 공감하는 글쓰기입니다. 글을 쓰고 싶어 하는 사람은 많습니다. 저에게도 "글을 쓰고 싶어요.", "글을 쓰고 싶은데 어떻게 써야 할지 모르겠어요."라고 말하는 사람도 매우 많습니다. 그러나 정작 쓰는 사람은 많지 않습니다.

제가 처음 글쓰기에 재미를 느낀 건 내가 보고 읽은 것에 관한 기록에서부터였습니다. 책, 영화, 공연 리뷰 글을 블로그에 쓰기 시작했습니다. 누굴 보여주기 위한 것이 아닌 시간이 지나도 기억해내기 위한 기록이었습니다. 이후엔 내가 보고 느낀 것을 누군가와 공유하고 싶어 기고와 연재를 시작했습니다. 본격적으로 글을 쓰기 시작한 건 나에 대한, 오늘에 대한 불안이었습니다. 책을 출간하면서부턴 여러 이유가 공존하게 되었습니다.

자, 여러분도 일단 왜 쓰고 싶은지 생각해보세요. 그 이유를 어렴풋이나마 알게 된다면 앞으로의 글쓰기가 길을 잃지 않게 될 것입니다.

03

왜
책을 내고 싶은가

많은 사람의 버킷리스트 중 하나가 '내 인생에 책 한 권 내기' 입니다. 아무리 디지털미디어가 발달하였다고 해도 '책'은 고전적 가치에 현대적 가치가 더해져 아직도 많은 사람이 열망하는 매체입니다.

내가 왜 책을 내고 싶은 건지 생각해 보세요. 글 쓰는 것 자체가 목적인가? 유명 작가를 꿈꾸는가? 출판 기획자가 되고 싶은 건 아닌가? 출판 편집자가 되고 싶은 건 아닌가? 1인 출판사를 운영하고 싶은가? 어느 언저리에서 헷갈리고 있을지도 모릅니다.

책 쓰기와 글쓰기는 매우 다릅니다. 책 쓰기는 목적이 명확해야 합니다. 읽는 사람을 생각해야 합니다. 책을 만든 후 어떻게 판매할지도 생각해야 합니다. 간혹 "책을 어떻게 골라 책방에 들여오나요?" "어떤 책을 사나요?"라고 묻는 경우가 있습니다. 답은 간단합니다. 내 돈을 주고 사도 아깝지 않은 책을 고르고 삽니다.

책을 만드는 이유는 무얼까요? 많은 이유가 있겠지만 크게 보면 다음과 같은 이유가 아닐까요. 첫 번째는 자기표현 및 표출을 위한 이유이고, 두 번째는 전문, 새로운, 숨은, 발견한 정보 전달을 위해, 세 번째는 역사적 기록, 동시대적 기록, 학술적 기록 등의 이유로, 네 번째는 사회적 이슈를 나누고 문제적 의식을 갖기 위해, 다섯 번째는 개인의 취향과 생각, 일상을 공유하기 위해서 그리고 마지막으로 재미를 위해서입니다. 읽는 사람이 어떤 의미로든 재미있으면 좋겠지요. 하지만 재미는 독자를 위한 재미도 있지만, 책을 만드는 내 재미를 위해서일 수도 있습니다. 이는 특히 독립출판에서 많이 나타납니다. 책 기획부터 원고 쓰기, 디자인, 제작, 판매까지. A부터 Z까지 모두 내 손을 거치는 독립출판은 만드는 과정에서 느끼는 재미가 크고 성취감도 얻습니다. 이에 많은 독립출판 작가가 기성출판에서 책을 출간한 이후에도 독립출판을 함께 지속하는 이유이기도 합니다. 또한 출간 이후 독자들과 가까운 거리에서 책을 나누는 재미도 포함됩니다.

내가 책을 만들고 싶다면, 무엇 때문인지 생각해 보세요. 앞으로 만들 출판물의 방향을 잡는 데 도움이 됩니다.

04

책의 주제 정하기

콘텐츠의 책 주제를 구체적으로 정해보세요. 무슨 이야기를 할 건지, 어떻게 이야기를 할 건지를요. 독자가 원하는 책을 쓰고 만드는 것도 중요하지만, 내가 원하는 책, 부끄럽지 않을 책을 쓰고 만드는 것 역시 중요합니다.

일단 내가 쓰고 싶은 책의 키워드를 나열해 보세요. 저의 책 작업 중 하나를 예로 들면 『퇴근 후, 동네 책방』은 #동네책방 #독립서점 #책 #퇴근후 #취향 이고, 『때론 대충 살고 가끔은 완벽하게 살아』의 키워드는 #책속문장 #문장일기 #책 #일상 이 주요 키워드입니다.

키워드가 정해졌다면 내가 하고 싶은 이야기를 한두 줄로 요약해 보세요. 『퇴근 후, 동네 책방』에서 하고 싶은 말은 "책 문화, 서점 문화를 바꾸고 있는 동네 책방들의 이야기를 나누고, 자신만의 동네 책방을 찾아 지루한 도시에서의 일상이 새로워지길 바랍니다", 『때론 대충 살고 가끔은 완벽하게 살아』는 "나를 위한 삶이라면 어떤 삶이든 완벽한 삶입니다"가 제가 한 권의 책을 통해 하고 싶었던 이야기입니다.

자신이 책을 통해 말하고 싶은 게 무언지 정리해 보세요. 그럼 조금 더 명확히 글을 쓰고 책을 만들어 나갈 수 있습니다.

05

장르 및
콘셉트 정하기

독립출판물이 많아지면서 비슷해 보이는 책이 꽤 많습니다. 하지만 분명 그중 돋보이는 책은 있습니다.

책의 장르란 무엇일까요? 일차적으로 도서분류법을 기준으로 생각하면 됩니다. 국내 도서분류법은 십진분류법에 따라 도서를 구분하는데요. 총류, 철학, 종교, 사회과학, 순수과학, 기술과학, 예술, 언어, 문학, 역사로 나뉩니다. 그리고 각 분류에서 더 세분됩니다.

그러나 책을 준비할 때는 구체적으로 장르를 정해야 합니다. 예를 들어, 여행서를 준비한다고 가정해 봅시다. 여행서도 여행 가이드북, 여행 에세이, 여행 사진집, 여행 소설, 여행지의 문화사회 등에 따라 더욱 세분됩니다. 에세이라면 일상 에세이, 독서 에세이, 사랑 또는 연애 에세이, 여행 에세이, 인물 에세이, 성공 에세이 등 보다 구체적으로 나눌 수 있습니다. 구분이 명확해야 더 좋다 혹은 나쁘다를 말할 순 없지만, 명확할수록 출판물을 기획해 나가는 데 도움이 됩니다.

콘셉트는 메시지와는 다릅니다. 책의 주제나 내용을 돋보이게 할 수 있는 무엇을 말합니다. 예를 들면 한때 퇴사 후 여행이 유행처럼 보이던 시절이 있었습니다. 이때라면 '대기업 때려치우고 떠난 여행기'나 '퇴사 후 나를 찾아 떠난 여행기'가 콘셉트입니다. 최근에는 책방 운영자의 책방 관련 에세이를 많이 출간되고 있습니다. '책방 운영 5년 차의 책방

일기'라던가 '퇴사하고 차린 책방 운영기', 혹은 '책방 폐업 준비기'라면 더 흥미롭지 않을까요. 제 작업 중 『여행자의 동네서점』은 장르는 책방 여행 에세이, 콘셉트는 '국내 최초 동네서점 가이드북'이었습니다.

비슷한 주제, 비슷한 소재, 비슷한 형태, 비슷한 디자인이지만 어떤 책은 많은 독자 손에 들립니다. 왜일까요? 물론 글을 맛있게 쓰거나, 내용 구성이 좋은 게 제일 큰 이유지만, 콘셉트를 명확하게 한 것도 분명한 이유입니다.

06

책 제목
정하기

저는 오늘, 다음 책의 제목을 정했습니다.

책 출간 준비를 하며 가장 고민되는 일 중 하나가 제목 짓기입니다. 독자의 시선을 순간에 끄는 것이 제목이니까요. 특히 제목은 책의 내용을 짐작하게 하면서 대표성을 띠니 책의 타깃독자와 콘셉트를 잘 표현해야 합니다.

제목을 지을 때 생각해 봐야 할 것은 대략 세 가지 정도로 첫 번째, 책 전체를 아우르는 메시지를 담았는가, 두 번째, 책 분위기와 결이 맞는가, 세 번째 독자들이 흥미로워할 만한가입니다.

저는 대부분 저의 책 이름을 직접 지었습니다. 저의 첫 책 『여행자의 동네서점』은 원고를 쓰기 전부터 정해 놓은 제목이었습니다. 『때론 대충 살고 가끔은 완벽하게 살아』는 교정을 보며 지은 제목입니다. 글을 연재할 때는 '책방 운영자의 문장일기'였고, 초고가 완료되었을 때 『때론 대충 살고 때론 완벽하게 살아』였지만, 때론이 반복되는 게 지루한 듯하여 편집자와 논의 끝에 변경했습니다. 이 제목이 최종으로 선택되기 전 경쟁 후보가 있었습니다. '조금은 능청스럽거나 수줍지만 당당하게'와 '일상은 언제나 덜컹덜컹'이었습니다. 출판사 마케팅팀에서는 '때론 대충 살고 가끔은 완벽하게 살아'를, 편집팀에서는 '조금은 능청스럽거나 수줍지만 당당하게'와 '일상은 언제나 덜컹덜컹'을 좋아했습니다. 저는 '때론 대충 살고 가끔은 완벽하게 살아'를 원했습니다.

이 제목에서는 '대충'보다는 '완벽'이 방점으로, 나를 위해 산다면 대충 살아도 완벽하게 산다는 의미입니다. 그러나 『꽃의 파리행』은 책에 엮인 수필 중 하나의 제목을 책 제목으로 편집자가 지었습니다. 짓고 보니 무척 마음에 들었습니다. 여기서 꽃은 나혜석이기도, 그 시대를 산 여성 예술가이기도 하며, 꽃이 곧 파리라는 생각도 들었습니다. 저는 책의 제목을 정하거나 선택할 때 다음 방법을 사용합니다.

- 처음엔 단순한 키워드의 조합으로 가제를 정한다.
- 원고를 쓰면서 가장 돋보이는 문장을 여럿 뽑는다.
- 같거나 비슷한 제목이 있는지 출간된 책 제목을 검색한다.
- 두세 개 제목을 정하고 마지막까지 고민한다.
- 한 개를 뽑아 편집자나 출판 관계자, 혹은 잠재적 독자에 의견을 묻는다.

원고를 쓰기 시작할 땐 가칭으로 제목을 정해 놓고 쓰는 걸 권합니다. 원고를 쓰는 동안 다른 길로 가지 않게 잡아주는 시작이 됩니다. 하지만 제목은 마지막까지 고민해야 합니다. 가장 좋은 제목은 내용의 어떤 문장인 경우가 가장 많으니까요.

07

내 책의
타깃독자는 누구인가

책 한 권의 대상이 대중 모두일 수는 없습니다. 타깃독자가 누구나라면 타깃이 없는 것과 한가지입니다.

독자는 어린이, 청소년, 성인으로 분류하지만 더 구체적이어야 합니다. 20~40대 여자 또는 20~50대 남자보다도 더 구체적이면 좋습니다. 20~30대 싱글 여성이라던가, 나답게 살기를 원하는 MZ세대, 육아와 일을 해내는 워킹맘, 10년 차 이상의 직장인, 은퇴를 앞둔 시니어 등 대상은 구체적일수록 좋습니다. 출판사에서 타깃 독자를 정할 때 가상의 1인(예 - 결혼과 성공보다 자신의 삶을 여행이나 취미 생활 등으로 가치 있게 채우고 싶고, 고양이나 강아지를 키우고 있는 27세 여성)을 설정하기도 합니다.

하지만 독립출판물의 경우 독립서점을 찾는 사람과 독립출판물 구매자를 생각해야 합니다. 대형서점, 온라인서점과는 소비자, 독자층이 조금 다릅니다. 최근에는 10대부터 50대까지 독립서점과 독립출판을 찾는 연령층은 넓어지고 남성 방문객과 독자도 늘고 있으나, 20~40대 여성이 독립서점 주요 방문객이자 독립출판물 주 독자층입니다.

누구를 위한 책인지 책을 쓰기 전 명확히 설정하길 바랍니다. 대상 독자층이 애매하다면 독자도 왜 읽어야 하는지 선택하지 못하는 혹은 선택받지 못하는 책이 될 수 있습니다.

08

내 책의 차별성은
무엇인가

하루에도 수백 권의 책이 쏟아집니다. 오늘 이전에 출간되어 유통되는 책 종수는 가늠이 안 될 정도로 어마어마한 양입니다.

2018년 기준으로 출판사는 6만여 사로 급증했습니다. 물론 모든 출판사가 꾸준히 책을 출간하는 것은 아닙니다. 실제 도서를 발행하는 출판사 비중은 약 13.4%(대한출판문화협회, 2019)입니다. 8천여 개 가까운 출판사가 책을 만들고 있다는 수치입니다. 2020년 상반기 신간 도서는 3만 8,214종, 월평균 6,369종을 발행(출판문화산업진흥원, 2020)하였습니다.

이 많은 책 중에서 내가 쓰려는 글의 주제가 아무도 생각지 못했던 새로운 것일까요? 물론 누구도 예상치 못한 글솜씨와 위트로 혹은 현 경향에 맞아 출판계의 반향을 일으킬 수도 있습니다. 하지만 대부분 언젠가 쓰였던 주제인 책이 많죠. 그렇다고 내 책이 가치가 없거나 팔리지 않는다는 이야긴 아닙니다. 다만 내 책이 다른 이의 책과 무엇이 어떻게 왜 다른지가 있어야겠죠.

- 내가 왜 이 이야기를 쓰려는 것인지
- 내 이야기가 다른 이야기와 무엇이 다른지
- 내 이야기는 어떻게 달라질 수 있는지

하늘 아래 새로운 것은 없다죠. 내 이야기가 새로울까 고민하는 것보다 내 이야기가 낯선 시선을 갖는가 생각해보는 것이 중요할지도 모릅니다.

: 09

출간 기획서 쓰기

독립출판 클래스에서는 대개 첫 시간에 출간 기획서를 쓰고 나누는 시간을 갖습니다. 그때마다 "출간 기획서 꼭 써야 할까요?" "말로 설명하면 안 되나요?"라고 묻는 사람이 있습니다.

독립출판을 하더라도, 출판사 투고를 하더라도 기획서 쓰는 것을 추천합니다. 내가 만들 책이라도 기획서를 써서 방향이 흐트러지지 않게 잡고 가야 합니다. 더군다나 투고할 때도 출판사에 원고만 보내는 것이 아니라 출간 기획서를 함께 보냅니다. 출판사에서 책을 기획할 때도 먼저 출간 기획서를 쓰고 작가를 섭외하거나, 작가와 협의합니다. 뿌리와 기둥이 단단해야 가지 끝의 잎까지 파랗게 피어나는 법이니까요.

출간 기획서란 작가나 출판사가 어떤 책을 어떻게 낼 것인지를 보여주는 한 장의 기획안입니다. 그 기획안으로 서로 소통하고 모든 출판 관련 스태프들이 진행하게 됩니다. 물론 출간 시기에 맞게 변화된 상황을 기획안에 반영하여 수정하고 관련 스태프들의 대처도 달라집니다. 기획안이란 내가 쓴 원고와 방향성을 보여주는 것이며 출판사 혹은 출판에 관여하는 많은 스태프들의 베이스캠프 역할을 하게 됩니다. 출판과정에서 가장 중요한 역할을 하게 됩니다.

〈출간 기획서〉

1. 도서 제목(가제) :
2. 저자명 :
3. 저자 소개 :
4. 기획의도 :
5. 장르 및 컨셉 :
6. 기획의 특징 및 차별성 :
7. 대상 독자층 :
8. 목차 : 목차가 없는 독립출판물 가능
9. 내용 요약 :
10. 예상 원고분량
    1) 총 분량 -
    2) 현재 완성된 분량 -

11. 원고 작성 계획(일정계획)
    1) 자료조사 -
    2) 원고 작성 -
    3) 교정 교열 -
    4) 편집 디자인 -
    5) 샘플 제작 -
    6) 인쇄 제작 -
    7) 완료 -

12. 도서 제작 계획
    1) 발간 예정일 - ○○년 ○○월 ○○일
    2) 초판 발행 부수 - ○○○부
    3) 페이지 수 - ○○○쪽
    4) 판형 - ○○○mm×○○○mm
    5) 제책 방법 -
    6) 표지 인쇄 도수 - 4도 또는 1도, 별색
    7) 내지 인쇄 도수 - 4도 또는 1도, 별색
    8) 표지종이 -
    9) 내지종이 -
    10) 기타 -

Chapter 03

원고 쓰기

01

원고 작성
계획하기

원고 작성 계획은 크게 구성과 일정으로 나뉩니다. 구성은 목차와 원고 분량입니다. 일정은 기획부터 원고, 제작, 유통 등의 과정입니다.

구성 계획의 첫 번째는 목차입니다. 목차는 명료할수록 좋습니다. 각 짧은 단락을 요약해 주고, 각 글의 내용을 추측하게 하는 게 목차입니다. 많은 독자가 책을 고를 때 표지, 제목을 본 후에 목차를 열어봅니다. 내가 원하는 책인지 흥미로운 책인지 읽어도 좋은 책인지 판단하는 게 목차입니다.

물론 목차가 없는 책도 있습니다. 특히 독립출판물에선 목차 없는 출판물도 많습니다. 목차가 없다면 전체 글의 흐름을 잡아 두어야 합니다. 글의 흐름을 키워드로 정리해 보거나 소재 리스트로 만들어두는 걸 추천합니다.

두 번째는 원고 분량입니다. 예상 원고 분량은 A4 몇 페이지 또는 원고지 몇 페이지, 몇만 자 등 분량을 말합니다. 이에 익숙하지 않은 분은 내가 원하는 책 판형의 몇 페이지 정도라고 가늠하기도 합니다. 어느 정도 분량인지 예측하려면 일단 목차를 구성하고 목차별로 대략적인 분량을 잡습니다. 이는 원고 작성 계획을 위해서도 필요하고, 도서 제작 계획을 위해서도 필요합니다.

목차가 정해졌다면 샘플 원고를 써보세요. 목차 안에 대목차, 소목차가 있다면 소목차 3~4개 정도가 좋습니다. 그러면 전체 원고 분량을 가늠할 수 있게 됩니다. 사진이나 일러스트가 들어간다면 텍스트와 이미지를 배치하며 예상해 보세요.

독립출판물의 경우 분량은 다양합니다. 아주 짧은 14쪽의 책도 700쪽 이상의 책도 있습니다. 하지만 기성출판의 보통 단행본의 경우 200자 원고지 600매 정도, A4 용지로 70~80페이지 정도, 글자 수로 약 12만 자 정도입니다. 사진이나 일러스트가 함께 들어간 책이라면 텍스트 분량은 이보다 적기도 합니다.

원고 일정 계획은 책의 기획부터 원고 쓰기, 디자인, 인쇄 제작, 유통까지 모든 전 과정의 일정을 말합니다. 독립출판은 혼자 진행하는 경우가 많고 정해진 마감일이 없기에 일정이 늦어지거나 과정 중 흐지부지되는 경우가 많습니다. 따라서 내 책의 출간일을 정해 놓고 진행하는 것이 좋습니다.

- 출판 기획 : ㅇㅇ년 ㅇㅇ월 ㅇㅇ일
- 자료조사/취재 : ㅇㅇ년 ㅇㅇ월 ㅇㅇ일
- 원고 작성 : ㅇㅇ년 ㅇㅇ월 ㅇㅇ일
- 교정 교열 : ㅇㅇ년 ㅇㅇ월 ㅇㅇ일
- 편집 디자인 : ㅇㅇ년 ㅇㅇ월 ㅇㅇ일
- 샘플 제작 : ㅇㅇ년 ㅇㅇ월 ㅇㅇ일
- 인쇄 제작 : ㅇㅇ년 ㅇㅇ월 ㅇㅇ일
- 홍보 시작 : ㅇㅇ년 ㅇㅇ월 ㅇㅇ일
- 서점 배포 : ㅇㅇ년 ㅇㅇ월 ㅇㅇ일

02

메모는 글쓰기의 시작

"자, 이제 글을 써보자" 하고 자리에 앉습니다. 노트나 원고지에 쓰는 분도 있겠지만, 요즘엔 대부분 노트북으로 글을 씁니다. 커서만 깜빡 깜빡이는 모니터 속의 종이를 채운다는 건 쉬운 일만은 아닙니다.

한두 장이 아니고 짧으면 70~80페이지, 길면 150~200여 장이 되는 책을 쓴다는 건 쉽지 않은 일입니다. 작고 얇은 독립출판물도 마찬가지입니다. 한순간에 쓰고 만들 수 있는 게 아닙니다.

따라서 중요한 건 글을 쓰는 순간부터, 책을 쓰는 순간부터 메모를 습관으로 만드는 것을 추천합니다. 하루 이틀 삼일 다시 다짐, 그리고 하루 이틀 삼일 나흘 하다 보면 분명 습관이 됩니다. 그리고 메모하는 습관은 분명 엄청난 자산이 될 겁니다. 저는 글이 잘 써지지 않을 때는 메모장을 뒤집니다. 2~3년 정도 차곡차곡 쌓인 메모를 읽다 보면 안 풀리던 글이 풀리기도 하고 새로운 글이 시작되기도 합니다. 물론 휴지통에 버리거나 지워버리는 메모도 많습니다.

메모하기 좋은 순간들은 수없이 많습니다.
- 책을 읽고 나서
- 영화를 보고 나서
- 길에서 독특한 사람, 상황을 봤을 때
- 나에게 일어난 오늘 일
- 문득 떠오른 생각
- 뉴스를 보다가
- 어린 시절 잊을 수 없는 일 등

저는 지금 쓰고 있는 글이나 책과 상관없는 이야기도 일단 메모하거나 자료를 모읍니다. 물론 모든 이야긴 아니고 평소에 관심이 있는 이야기들이죠. 글을 시작하거나 풀리지 않을 때 많은 도움이 됩니다.

그리고 자신만의 메모 도구와 방식을 갖춰보세요. 매 순간이 글이 됩니다. 저는 작은 수첩과 스마트폰 메모장을 이용합니다. 처음엔 멋진 만년필도 사고 다이어리도 샀지만 무겁고 불편했습니다. 꼭 멋진 필기구가 아니더라도 좋습니다. 부드럽게 잘 써지는 모나미 볼펜도 좋고 여행지에서 산 기분 좋은 연필도 좋습니다. 나만의 메모 도구가 나의 메모 루틴을 빨리 만들어줄지도 모릅니다. 스마트폰 메모장은 핸드폰에 기본으로 내장된 메모장을 씁니다. 자동 업데이트되는 기능 외에 별다른 기능이 없지만 아주 오래전부터 사용해서인지 익숙해서요. 에버노트, 구글, 네이버 메모장은 물론 글쓰기 모바일 앱도 많으니 자신이 손쉽게 가장 잘 쓰는 메모장을 고르세요. 어느 작가가 쓴다고 누가 좋다고 추천해서 써도 자신에게 안 맞기도 하니까요.

03

많이 읽기

"읽기는 쓰기에 수반되는 행위다. 단, 더 운명적이고 인간적이고 지적이다"라고 호르헤 루이스 보르헤스는 말했습니다.

잘 쓰려면 잘 읽어야 합니다. 생각보다 글을 쓰고 싶어 하는 사람들이 많이 혹은 잘 읽지 않습니다. 책방 글쓰기 수업에 참여하는 참가자를 살펴보더라도 한 달 동안 책 한 권 제대로 읽지 않고 잘 쓰기를 바라는 사람이 더러 있습니다.

처음 인쇄술을 발명했을 때처럼 책 한 권이 세상을 바꾸는 일은 더는 없을 것입니다. 하지만 우리가 책을 읽어야 하는 이유는 여러 가지입니다. 특히 글을 쓰거나 책을 만드는 사람에겐 당연한 일이죠. 소설은 소설적인 지식이 있고, 에세이는 개인의 감수성이, 자기 계발서는 최근 경향이 보이니까요.

제가 생각하기에 글 쓰는 사람이 혹은 책 만드는 사람이 책을 읽어야 하는 가장 중요한 이유는 내 글이 새롭지 않다는 걸 읽기를 통해 알 수 있다는 점입니다. 가끔 자신이 책만 내면 잘 팔리고 인기 작가가 될 거로 생각하는 사람이 있습니다. 물론 자신감은 필요하지만, 자신의 글을 바로 볼 줄 알아야 합니다. 이는 책 읽기를 통해 가능해집니다. 내 글이 어느 수준인지 평가하라는 이야기가 아니라 내 이야기가 새로운 이야기가 아니라는 점을 알아야 한다는 뜻입니다.

두 번째로 글감을 찾거나 영감을 받는 가장 좋은 도

구가 읽기입니다. 책뿐만이 아니라 쇼트 콘텐츠부터 영상, 웹툰, 뉴스 기사 등 무엇이든 도움이 됩니다. 하지만 생각을 느리게 하는 책 읽기를 추천합니다.

세 번째로 출판 트렌드를 파악할 수 있습니다. 대형 서점이나 온라인서점에서 순위 매기는 베스트셀러나 미디어에서 등장하는 책을 포함하여 독립출판물에서 이슈인 책이나 숨은 책도 발견하여 읽어봐야 합니다. 대중적 감수성을 알아야 하니까요. 특히 자신의 책을 자신이 직접 만들려고 준비하는 사람이라면 더욱 민감해져야 합니다.

책 한 권을 쓰기 위해선 천 권의 책을 읽어야 한다는 이야기도 있습니다. 천 권은 아니더라도 나에게 영감을 주는 책 열 권이라도 읽어보길 바랍니다.

04

많이
보고 듣고 모으기

현대인들은 눈을 떠서 잠들 때까지 꾸준히 무언가를 봅니다. 보았어도 기억나지 않는 것이 있고, 보지 않아도 본 것처럼 또렷한 일이 있습니다. 흥미로운 영상을 보고, 영화도 보고, 뉴스도 보고, 유튜브를 봐도 좋습니다.

나의 글쓰기나 창작에 도움이 된다면 꾸준히 무엇이든 보고 기록하는 것이 좋습니다.

저는 전체를 보면 좋을 기사나 영상은 제목과 링크를 모아둡니다. 일부가 필요하다면 내용과 출처를 복사해두고, 보다가 아이디어가 떠올랐다면 바로 두세 문장으로 메모해 둡니다. 책이나 영화라면 제목을 따로 적어둡니다.

아마 구체적인 글쓰기 목적이나 주제가 있다면 일상의 모든 것이 글감이나 영감의 시작이 될 수 있습니다. 매일 한 번 주위를 관찰해보세요. 무심코 지나쳤던 많은 것이 보일지 모릅니다. 특히 내 콘텐츠로 책을 쓰려면 내 일상을 살면서 비일상을 보고, 타자로서 객관적으로 들여다볼 줄도 알아야 합니다. 이를 통해 문학과 예술에서 말하는 '낯설게 보기'를 연습해 보세요. 예를 들어 사물을 의인화하거나 내가 사물이 되어보거나 나의 페르소나를 만들어 보거나. 방법은 그 어떤 것도 좋습니다.

연암 박지원은 "글의 본질은 닮는 데 있지 않고 맛있는 표현에 있지도 않다. 스스로가 보고 듣고 느낀 생각을 쏟아 내면 평범한 말도 새로워진다."라고 말했습니다. 이처럼 글쓰기 전에는 읽고, 보고, 듣고, 모으고, 느껴야 합니다. 그래야 글로 쏟아 낼 수 있습니다.

05

많이 생각하기

많이 읽고, 본 후에는 생각을 깊고 넓게 해야 합니다. 생각하고 쓰기 시작한 글쓰기와 그냥 쓰는 것은 다릅니다.

한때는 저도 언어가 생각을 규정한다고 믿었습니다. 그래서 더 읽고 쓰는 일에 집착했죠. 하지만 언어가 모든 생각을 규정할 수는 없습니다. 생각해야 생각을 따라 언어가 움직이죠. 앞서 강조한 많이 읽기, 보기는 사실 많이 생각하기 위한 자료조사 단계입니다. 관찰하고 조사하고 수집하고 연상하여야 합니다.

움베르토 에코는 말했습니다. "우리의 삶은 틈새로 가득 차 있어요. 오늘 아침 당신이 초인종을 울리고 나서 엘리베이터를 기다려야 했고, 문 앞에 도착하기까지 몇 초가 걸렸죠. 당신을 기다리는 몇 초 동안, 저는 제가 현재 쓰고 있는 새 작품에 대해서 생각했습니다" 이처럼 많이 생각하라는 건 시간의 양만이 아닙니다. 이미 내 삶에 스며들어 삶 틈틈이 새어 나오는 일인지도 모릅니다.

저는 글을 쓰기 전 주제와 소재, 등장할 에피소드를 먼저 생각합니다. 그리고 생각이 어느 정도 정리되면 그제야 책상에 앉아 글을 씁니다. 물론 생각과 다르게 글이 전개되기도 하지만 말이죠.

책 쓰기는 창작을 하는 일입니다. 내가 이제껏 경험하고 생각하고 고민한 것을 표출해야 합니다. 일상 틈틈이 생각의 줄기를 놓치지 말아 주세요.

06

주제에 맞는 소재 찾기

책의 주제와 글의 소재는 다릅니다. 책의 주제와 방향이 정해 졌다면, 원고를 작성하기 전 글 소재 리스트를 작성해 보세요. 목차와 같아도 좋고, 목차를 보다 직관적인 단어로 적어도 좋습니다.

소재를 찾는 건 시선을 달리하는 일입니다. 매우 소소한 것이라도 매우 사적인 일이라도 소재가 될 수 있습니다. 떡볶이, 양말, 스웨터, 연필, 산책 등 글의 소재가 될 수 있을까 생각이 들 정도로 소소한 일상의 소재가 책의 주제가 되기도 합니다. 특히나 나의 콘텐츠를 책으로 쓸 때는 더욱 중요합니다. 나에겐 너무 익숙하기에 별거 아닌 일로 여겼던 것을 끌어내야 합니다. 그림을 그릴 때를 생각해 보세요. 컵 하나를 그리더라도 앉은 자리, 빛의 쏟아짐, 그리는 시간에 따라 그림이 모두 달라집니다.

목차가 대략 정해졌다면, 목차마다 주제와 소재를 써보세요. 글 쓰며 바뀌더라도 미리 리스트업 해 보면 좋습니다. 그리고 그에 필요한 자료도 모으고 메모도 정리하며 재료를 꺼내 보세요.
자료조사가 필요한 글도 있습니다. 특히 역사적 사실이나 언론 기사, 통계자료 등을 인용하거나 모티브로 쓴 글은 사실 확인이 필요하지만, 이외에도 내 글을 풍부하게 해주는 소재 마련을 위한 자료조사가 필요합니다.

07

매일 쓰기

글쓰기는 운 좋게 찾아오지 않습니다. 매일 쓰는 것만큼 변화를 이끄는 것은 없습니다.

여러 사람이 묻곤 합니다.

"여러 일을 하면서 어떻게 계속 글을 쓰고 책을 내나요?"
"저도 글을 쓰고 싶어요."
"제 버킷리스트가 제 이름이 박힌 책 한 권을 내는 일이에요."

그럼 저는 되묻습니다.

"글을 얼마큼 쓰시나요?"

"바빠서요" 아니면 "어떻게 써야 하는지 모르겠어요" 또는 "글 쓰는 걸 배운 적이 없어요"입니다.

일단 써나가야 합니다. 시작하지 않으면 과정도 결과물도 없습니다.

매일 쓰는 시간 또는 분량 정하기
전업 작가 중에는 아침 10시부터 저녁 6시까지 작업실에 출근해 글을 쓰는 사람이 꽤 있습니다. 그러나 전업 작가가 아닌 이상 매일 같은 시간 글을 쓰긴 어렵습니다. 글쓰기만큼이나 우리에겐 생활도 중요하니까요. 같은 시간을 정하기 어려운 경우 하루 30분, 1시간, 절대적 시간의 양을 정하는 것도 방법입니다. 오전에 1시간, 오후에 1시간처럼 오전과 오후로 나누어도 좋습니다. 처음엔 바쁜 일상에 글쓰기를 잊기도 하지만 글쓰기에 속도가 붙으면 그 시간이 기다려집니다.

그러나 직장생활 등으로 절대적 시간을 정하기 어렵다면 하루 글쓰기 분량을 정하는 것도 방법입니다. 원고지 몇 매, 또는 A4 한 장, 두 장 등으로 분량을 정해보세요. 어느샌가 일상 틈틈이 글을 쓰고 있는 자신을 발견할 겁니다.

나만의 글쓰기 공간 마련하기

나만의 글 쓰는 작업실이 있다면 글이 더 잘 써질 것만 같지 않나요? 하지만 집 밖에 나만의 공간을 따로 마련하는 일은 쉽지 않습니다. 글을 써서 경제적 수익이 많이 나거나 본업이라면 글 쓰는 작업실을 두어도 좋습니다.

일단 집에 있는 책상을 깨끗이 정리해 나만의 작업실을 만들어 보세요. 노트북과 모니터를 두고 나에게 영감을 주는 책도 몇 권 꽂아두고 때때로 생각의 끈을 붙잡아 메모할 색색의 볼펜과 연필, 노트도 둡니다. 집은 생활공간이라서 영 집중이 어렵다면, 동네 카페와 도서관 등 글 쓰는 장소를 정해도 좋습니다. 일요일 아침 일찍 일어나 가방을 챙겨 가거나 목요일 저녁 퇴근 후 들려 글을 쓰고 싶은 곳으로 말이죠.

전 집에 서재를 꾸려두었지만 왜인지 자주 부엌 식탁에 앉아 글을 쓰곤 합니다. 물론 책방에 앉아 손님을 기다리며 쓰는 시간도 많고요. 글을 써야 하는데 쓸 기분이 아닐 때는 동네 카페에 가고, 글이 잘 풀리지 않거나 집중이 안 될 때는 동네 도서관에 갑니다. 사실 어디든 글쓰기 좋은 장소가 될 수 있습니다.

쓰는 도구 준비하기

을 쓰는 환경이나 공간도 중요하지만 쓰는 도구도 중요합니다. 시험 기간이 되면 마음에 드는 새 노트와 새 형광펜을 사고, 새로운 운동을 시작할 때면 예쁘고 좋다는 장비를 사는 것처럼 말이죠. 하지만 요즘은 대부분 노트북으로 글을 씁니다. 글을 쓸 때마다 노트북을 새로 살 수는 없겠죠. 하지만 오래도록 글쓰기를 이어나갈 거라면 나에게 적합한 노트북을 골라야 합니다. 모니터 크기, 자판 소리, 가방에 넣어 다닐 수 있을 크기와 무게 등을 말이죠.

그리고 어떤 프로그램으로 쓸지, 폰트는 어떤 걸 사용할지도 중요합니다. 저는 시각적인 것에 예민해서인지 몇몇 글쓰기 폰트가 아니면 글 속도가 나지 않더라고요. 또한, 메모의 순간을 위해 이름이 적힌 만년필이나 좋아하는 문구가 적힌 볼펜이나 연필도 준비해보세요. 새로운 자극이 되어 나의 글 쓰는 생활이 더욱더 즐거워집니다.

나만의 리추얼 만들기

사람마다 편안하게 느끼거나 좋아하는 환경이 다릅니다. 캄캄한 방에서 스탠드 조명을 켜는 사람, 조용한 클래식 음악을 듣는 사람, 커피나 맥주와 함께하는 사람, 따뜻한 냄새가 나는 향초가 필요한 사람, 백색소음이 있는 공간이 더 좋은 사람도 있죠. 글쓰기 전에 나만의 리추얼을 행해보세요. 리추얼이 습관이 되면 뇌가 스스로 "아, 이제 글 쓰는 시간이구나. 글쓰기 모드로 전환하자"라고 인지합니다. 저는 글쓰기를 시작하기 전 커피를 한 모금 꼭 마십니다. 저의 신체와 뇌를 각성시키는 효과도 있지만 나에게 스스로 "이제 글쓰기 시간이야"라고 알려주는 알람과도 같습니다. 나에게 맞는 리추얼이 생기면 어느 순간 저절로 글 쓰는 나를 발견하게 됩니다.

08

한 문장 쓰기

글쓰기가 어려운 이유는 무엇일까요? 여러 이유 중 첫째는 처음부터 아름다운 문장으로 완벽한 글을 쓰고 싶어 하기 때문입니다.

마음에 드는 첫 문장을 쓰지 못해 결국 한 줄도 쓰지 못하는 경우가 많습니다. 글을 다 쓴 후 첫 문장을 다시 수정해도 됩니다. 일단 써나가 보세요.

첫 문장은 직접 설명, 구체적 사례, 전제, 인용, 비유, 의문문, 메시지 또는 대화문 등 다양하게 올 수 있습니다. 어떤 문장 형식이라도 관계없습니다.

글쓰기 책을 보면 수많은 글쓰기 팁이 있습니다. 셀 수 없이 많습니다. 모든 팁을 습득한다면 더할 나위 없겠지만, 모든 글쓰기 기술을 적용한다고 해서 좋은 글, 좋은 책이란 법은 없습니다. 그래서 어려운 일일 테죠. 제 노트북 화면에 붙은 글쓰기 주의사항입니다. 글을 수정할 때 한 번씩 읽어보곤 합니다.

- 적절한 단어 쓰기 • 모르는 어휘 쓰지 않기
- 지시어 잘 쓰기 • 말버릇 주의하기
- 인터넷 글쓰기 버릇 주의하기
- 시제 확인하기 • 높임말 확인하기
- 조사 바르게 쓰기 • 접속사 남용하지 않기
- 일본어, 영어 번역 어투 주의하기
- 복수어 확인하기 • 반복 의미 쓰지 않기
- 과도한 표현 쓰지 않기 • 감정적 서술 피하기

하지만 제일 중요한 건 내가 하고자 하는 이야기가 잘 전달되게 쓰는 것입니다.

09

문단 쓰기

문단은 문장이 모여 하나의 생각 덩어리를 만드는 일입니다.

글의 주장이나 의견, 장면의 전환이나 양식 등이 변화할 때 문단으로 나눕니다.

중심 문장과 연결되는 문장들이 하나의 문단이 되죠. 중심 문장 - 뒷받침 문장 1 - 뒷받침 문장 2 - 뒷받침 문장 3 - 맺음 문장과 같이 구성됩니다. 하지만 중심 문장은 맨 앞에 있기도, 중간에 있기도, 마지막에 있기도 합니다. 가장 중요한 건 이야기와 생각의 맥락입니다.

초고를 쓰고 문장 순서를 바꾸기도 하고 문장을 삭제하거나 추가하기도 합니다. 하지만 문단은 덩어리로 있기에 문단의 순서를 수정하려면 꽤 많은 수정이 필요합니다. 따라서 한 편의 글을 쓰기 전에는 큰 생각의 덩어리를 먼저 정리합니다. 한 덩어리가 한 문단이 되기도 하고 두 문단이 되기도 합니다. 생각의 덩어리에서 벗어나지 않고 문장과 문단을 쓰면 자연스러운 이야기가 될 것입니다.

저 역시 글쓰기가 완성된 사람이 아니라 과정에 있는 사람입니다. 매일 메모하고 생각하고 읽고 글을 쓰며 고민합니다.

10

원고 완성하기

초고를 쓸 때 가장 중요한 건 완성한 글을 쓰는 게 중요합니다. 완성한 글이란 완벽한 글이 아닙니다. 내가 쓰려 한 글을 끝맺는 일입니다.

한 꼭지씩 원고를 완성해 나가 보세요. 한 꼭지는 목차 하나일 수도 있고 한 개의 목차 내에 소제목으로 나뉜 여러 개의 글일 수도 있습니다.

목차 또는 소제목 내의 글을 한 꼭지로 볼 때 단일한 소재로, 명료하게, 하나의 메시지로, 완결된 글로 쓰는 것이 중요합니다.
너무 많은 이야기를 한꺼번에 하려고 하지 마세요. 그리고 한 꼭지별로 분량은 각기 다를 수도 있지만 비슷한 것이 좋습니다. 분량은 곧 리듬입니다. 쓰는 사람도 읽는 사람도 일종의 리듬이 생깁니다. 리듬이 깨지면 쓰는 것도 읽는 것도 흐름이 끊기거나 지루해질 수 있습니다.

목차에 따라 모든 원고가 완성되었다면 책의 전체적인 맥락을 살펴보세요. 그리고 목차 변경이나 원고 변경이 필요한 글을 골라보세요. 한 편의 글도 중요하지만, 책은 전체적인 흐름이 더 중요합니다. 어떤 원고는 삭제하거나 수정하거나 추가해야 할지도 모릅니다. 애써 쓴 글이라 아깝다고 생각지 마시길 바랍니다.

11

프롤로그,
에필로그 쓰기

그리스어 프로 로고스(pro:앞, logos:말)를 어원으로 한 프롤로그는 본편의 예고편과도 같습니다.

프롤로그는 서문이라고도 말합니다. 독자가 책을 읽기 전 저자의 의도나 내용을 미리 파악하는 글입니다. 저자마다 프롤로그를 쓰는 방식이나 성향이 매우 다르게 나타납니다. 어떤 저자는 개인의 감상을, 책을 쓴 배경을 쓰기도 합니다. 개인적으로는 저자의 감정이나 고마운 사람들에게 남기는 인사보다는 책을 읽을 독자에게 흥미 있게 읽기 시작할 수 있는 팁을 건네며 또 다른 한 편의 글이 되는 걸 추천합니다. 전 가끔 프롤로그에 이끌려 사는 책도 꽤 있고, 많은 밑줄이 쳐지기도 하거든요.

에필로그 역시 그리스어 에필 로고스(epil:덧붙여, logos:말)라는 의미로 시, 소설, 연극의 마지막 장면을 말합니다. 최근 드라마에서는 비하인드 장면을 에필로그라는 이름으로 마지막에 공개하기도 하죠. 책에서도 책의 뒷이야기를 전하거나 또 다른 원고를 싣기도 합니다.

프롤로그와 에필로그를 모두 다 쓰는 저자도 있지만 하나만 싣는 경우가 많습니다. 이 둘은 비슷한듯 하지만, 책의 맨 앞과 마지막이라는 엄청난 차이가 있죠. 대부분 독자는 프롤로그를 책을 읽기 전에 보지만 에필로그는 책 읽기를 마친 후에 읽게 됩니다. 따라서 같은 이야기라도 다른 방식으로 표현해야 합니다.

12

**이미지 파일
준비하기**

원고는 글 외에 사진이나 드로잉, 때론 스캔한 편지나 중요한 이미지 자료도 포함됩니다.

원고를 작성할 때 사진이나 드로잉이 들어갈 위치에 파일 이름으로 표시하고 별도의 폴더에 원본을 저장해 두는 게 좋습니다. 대부분 원고를 한글 오피스나 워드 프로세서로 작성하는데요. 이미지 파일을 첨부하면 용량이 커져 원고 작성이나 수정 시 불편할 수 있습니다.

원고 작성을 모두 마친 후에는 이미지 파일이 본문에서 보이는 크기에 맞추어 사이즈를 조정합니다. 필요 이상으로 파일이 크면 프로그램이 늦어지는 단점이, 작으면 인쇄 시 파일 이미지가 깨져 보일 수 있습니다.

이미지 파일의 이름은 이미지 뷰어 프로그램 등을 통해 리네이밍 하는 것이 좋습니다. '섹션01_001.jpg ~ 섹션09_099.jpg' 등과 같이 리네이밍 하면 폴더 내 목차별로 정렬이 되어 편리할 뿐만 아니라 디자인 과정 등에서 이미지를 삽입하기가 수월합니다. 또한 이미지가 누락되었을 경우에도 어떤 이미지가 잘못되었는지도 용이하게 찾을 수 있습니다.

원본 이미지를 모아둘 때는 목차별, 순서별로 표기하고 보정을 완료해 두세요. 특히 손으로 그린 드로잉이나 스캔본의 경우 배경을 투명하게 해주거나,

사이즈 조절, 컬러 조정이 필요합니다.

독립출판은 기성출판물에 비해 이미지가 많습니다. 이미지로만 구성된 출판물도 많고요. 어느 이미지가 어디에 위치하느냐에 따라 다른 분위기, 다른 이야기가 되므로 이미지의 구성 또한 글의 구성만큼이나 중요하고, 이미지의 다듬기 또한 글의 교정 교열만큼이나 중요합니다.

13

교정, 교열하기

작가 오스카 와일드는 "아침 내내 제가 쓴 시의 교정쇄를 검토했습니다. 그리고 쉼표 하나를 뺐지요. 오후에는 무엇을 했느냐고요? 흠, 뺐던 쉼표를 도로 넣었지요"라고 말한 적이 있습니다.

교정이란 작가에게 끝나지 않을 것만 같은 일이지만, 반드시 끝내야 하는 일입니다.

출판사와 계약해서 진행하는 경우 저자의 수정 후 다시 편집자가 살펴봅니다. 하지만 내 책을 내가 만드는 경우는 외주 편집자를 섭외하여 쓰거나 내가 모든 교정 교열 과정을 진행해야 합니다. 먼저 기본적으로 맞춤법, 띄어쓰기, 문장의 오류를 잡아냅니다. 그리고 이해하기 어려운, 불필요한 것, 과장이 심한 것, 글의 초점을 흐리는 것, 과도한 에피소드 등을 삭제하고, 지나치게 생략되었거나 설명 안 된 것, 인과관계 잘못된 것은 수정 및 추가합니다. 마지막으로 책의 제목과 주제가 잘 어울리는지, 목차의 흐름은 적합한지 구성을 살펴봐 주세요.

교정, 교열 과정

1) 화면교(PC교) : 화면으로 보는 교정으로 가장 많은 수정이 진행됩니다. 원고 내용 수정 및 전체적인 구성을 수정합니다. 맞춤법 AI 검사기, 사전, 편집자 매뉴얼 등을 활용해 진행합니다.
2) 초교 : 디자인 전 원고만 인쇄하여 보는 교정으로 세부 내용, 오타, 오류 등을 수정합니다.
3) 재교 : 본문 디자인 완료 후 교정지로 출력하여 보는 교정으로 저자의 원고, 그림, 사진 등이 잘못 조판되지는 않았는지 디자인 요소 등을 확인합니

다. 목차, 페이지 수, 판권페이지 등 세부사항을 확인합니다.
4) 출력 교정 : 인쇄 전 최종적으로 확인하는 마지막 교정으로 재교 수정사항이 잘 반영되었는지 확인, 내지 외 표지 모두를 확인합니다.
5) 최종 인쇄교(샘플교) : 인쇄 종이로 인쇄소에서 출력하여 최종적으로 확인합니다. 샘플 책 제작 후 최종 확인합니다.

문장의 오류 확인하기

1) 주어 누락 : 누가
2) 목적어 누락 : 누구를
3) 잘못된 호응 관계
4) 조사 오류 : 에게, 가, 이, 은, 는, 의
5) 높임법 오류
6) 겹치는 의미 단어
7) 과장된 표현
8) 영어, 일본어 직역투 등

맞춤법과 띄어쓰기 등 확인하기

1) 한글맞춤법 사전 확인
2) 의미에 따라 헷갈리는 단어들 사전 확인
3) 띄어쓰기
4) 습관적 사용 단어 체크 등

교정, 교열을 위한 참고 사이트
1) 부산대학교 인공지능연구실 맞춤법/문법 검사기
2) 국립국어원 표준국어대사전
3) 국립국어원의 온라인가나다
4) 국립국어원의 다듬은 말(순화어)
5) 외래어표기법의 용례 등

인용 문구 등 저작권 확인하기
최근 출판물도 저작권 관련하여 여러 이슈가 나오고 있습니다. 원고의 작성 책임은 일차적으로 저자에게 있습니다. 출판계약서에 저작권법 위반에 관한 처리 조항도 있을 테니 확인해주시고요. 따라서 꼭 탈고 전 최종으로 인용 문구와 사진, 이미지 등 저작권을 확인하여야 합니다.

다른 책 속 문장을 인용할 때도 출판사에 확인을 받는 게 원칙입니다. 서면(공문)이나 메일로 사용 확인을 받아두면 좋고, 간혹 출판사에서 인용 시 일정 저작권 사용료를 요구하기도 하니 확인하세요. 확인하며 애매하거나 확인이 안 되는 사항은 출판사나 저작권 전문가와 미리 논의해 보는 것도 방법입니다.

저의 책 중 『때론 대충 살고 가끔은 완벽하게 살아』와 『한 줄도 좋다, 그림책 – 여기 다정한 인사가 있습니다』에는 다른 수많은 책 속 한 줄이 인용되어 있습니다. 모두 출판사에서 서면을 통해 사용 허락을 구하고 인용했습니다. 실제로 책 출간 전에 사용이 불가하다는 회신을 받거나 사용료가 큰 경우가 생겼고, 그 한 줄을 교체하기도 했습니다.

〈저작권법에 명시된 저작물(저작권법 4조)〉

1. 소설 · 시 · 논문 · 강연 · 연설 · 각본 그 밖의 어문저작물
2. 음악저작물
3. 연극 및 무용, 무언극 그 밖의 연극저작물
4. 회화 · 서예 · 조각 · 판화 · 공예 · 응용미술저작물 그 밖의 미술저작물
5. 건축물 · 건축을 위한 모형 및 설계도서 그밖의 건축저작물
6. 사진저작물 (이와 유사한 방법으로 제작된 것을 포함한다)
7. 영상저작물
8. 지도, 도표, 설계도, 약도, 모형 그밖의 도형저작물
9. 컴퓨터프로그램 저작물

14

작가소개 작성하기

대다수의 사람이 작가소개 쓰기를 어려워합니다. A 공모전 수상, B 신춘문예 등단, C 작가상 수상 이력만이 작가소개가 아닙니다. 자신이 살아온 이야기를 써도 좋고, 이력을 써도 좋고, 취향을 써도 좋습니다.

독립출판물의 경우 한두 문장만 쓰거나 이름만 쓰는 경우도 종종 봅니다. 소개를 덧붙이지 않아도 모두가 아는 작가라면 짧은 한두 문장도 좋겠지만, 아니라면 독자 혹은 서점 운영자가 책에 흥미를 느끼고 신뢰할 수 있는 작가소개가 필요합니다. 예를 들어 경제 경영서나 자기 계발서 분야는 관련 경력이나 전문분야와 관련한 소개를, 여행 에세이나 여행 사진집은 개국 개 도시 일을 여행했는지 밝힌다면 책을 선택하는 데 도움이 됩니다.

저 역시 작가소개 쓰기가 어렵습니다. 책, 영상, 잡지 등 어디서든 저를 소개할 때는 '읽고 쓰는 삶을 삽니다. 작은 책방을 운영하고 이런저런 일들을 기획합니다. 도시의 장소, 공간, 사람의 이야기에 관심이 많습니다'를 기본 문장으로 갖고, 출간하거나 쓴 글의 내용에 따라 조금씩 달라집니다.
『퇴근 후, 동네 책방』은 '읽고 쓰는 삶을 삽니다. 작은 책방을 운영하고 이런저런 일들을 기획합니다. 도시의 장소, 공간, 사람의 이야기에 관심이 많습니다'라고 썼습니다. 책방에 관한 책이기에 책방과 공간을 중점으로 두었습니다.『한 줄도 좋다, 그림책 - 여기 다정한 인사가 있습니다』의 작가소개를 보면 '그림 그리는 사람이 되고 싶었지만 매일 읽고 쓰는 사람이 되었다. 읽을거리 중 그림책에 애정이 조금 더 가는 건 어쩔 수 없다 한다. 언젠가 그림책을 쓰고 함께 나누고 싶은 바람이 있다. 작은 책방과 도시를 기록하고 책 문화를 만드는 스튜디오를 운영하면서 이런저런 일들을 기획하고 연구한다.'
라고 그림책이 중심인 책이기에 그림책과 관련한 이야기를 덧붙였습니다.
작가소개도 책의 주제나 분위기와 같아야 합니다.

15

판권지 작성하기

판권지는 imprint page, copyright page라고 불리는 페이지입니다. 책자 인쇄 전에 작성을 완료하여 책의 맨 앞 또는 맨 뒤에 넣습니다.

판권지에는 도서명, 부제, 지은이, 옮긴 이, 발행연월일, 발행 출판사, 출판사 등록번호, 판 쇄, 책값, ISBN, 저작권 표시를 포함하고, 편집자, 디자이너, 인쇄소 등을 넣습니다.

〈퇴근 후, 동네 책방 판권지〉

퇴근 후, 동네 책방

초판1쇄 인쇄 2020년 03월 18일
초판1쇄 발행 2020년 03월 25일

지은이 구선아
펴낸이 ○○○
펴낸곳 ○○○

편집 ○○○
주소 서울시 서대문구 증가로30길 29-2, 1층
출판등록 2013년 7월 24일 제315-2013-000042호
전화 02-334-4045 팩스 02-334-4046

종이 ○○○○
인쇄 ○○○○

ⓒ구선아
ISBN 979-11-86173-76-3 03810
가격 13,000원

잘못 만들어진 책은 구입하신 서점에서 바꾸어 드립니다.

Chapter 04

디자인 및 제작

01

책의
명칭 알기

책의 명칭은 디자이너, 인쇄소, 제작처 등과의 소통에 꼭 필요한 부분이니 여기에서 소개하는 기본적인 사항만이라도 꼭 알아두세요.

표지를 구성하는 요소로는 크게 앞표지(표1), 뒤표지(표4), 책등(세네카), 날개 등으로 구분합니다. 앞표지는 통상적으로 표1이라고도 하며, 디자인할 때에 오른쪽에 놓이는 것을 잊지 않도록 합니다. 책등(세네카)은 앞표지와 뒤표지 사이에 있는 공간으로 책꽂이에 책을 꽂았을 때 보이는 부분입니다.

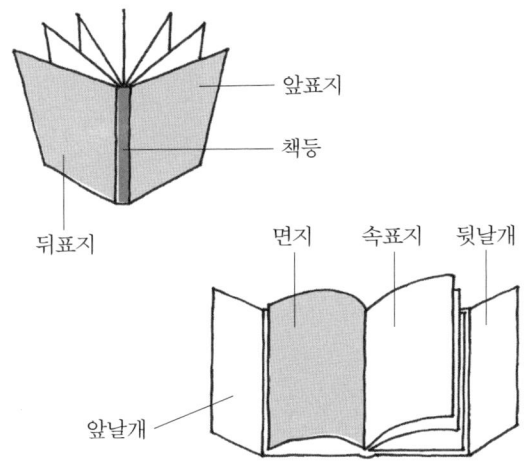

본문이 시작하기 전에 표지 사이에 들어가는 종이를 면지라고 하며 일반적으로 색상지를 넣습니다. 표지 중에서 안쪽으로 접히는 부분을 날개라고 하며, 앞날개에는 일반적으로 작가소개가 놓이는 공간입니다.

양장으로 제본하는 경우 구성요소가 추가됩니다. 덧싸개라고 하는 부분이 표지를 감싸고 띠지가 한 번 더 감싸게 됩니다. 책 등 부분은 내구성을 높이기 위해 머리띠를 대고 풀칠을 합니다. 또한, 책갈피 역할을 하는 가름끈을 넣어줍니다.

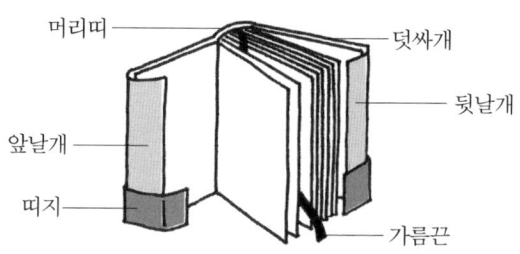

본문이나 표지 모두 바깥쪽 끝부분까지 사진, 그림 등이 인쇄가 필요한 경우는 실제 책의 크기보다 더 크게 여백을 더 주어 실제 책 크기만큼 재단을 하게 됩니다.

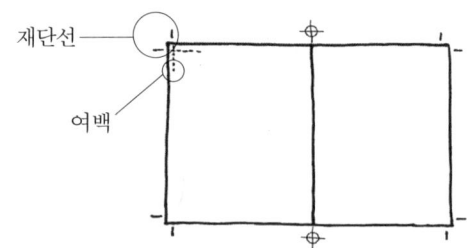

02

디자인 콘셉트 정하기

직접 디자인하기로 마음먹었다면 먼저 어떤 스타일, 어떤 분위기로 책을 디자인할지 정하는 게 우선입니다. 같은 내용이라도 디자인 스타일, 분위기, 폰트에 따라 다른 책처럼 보이고 읽히기 때문입니다.

출판 트렌드에 맞춰, 자신의 취향에 따라 디자인하기보다 내용과 형태가 같은 결을 가지도록 디자인하는 걸 추천합니다. 기존 출판 시장, 독립출판물, 포털 사이트 서칭 등 다양한 방법으로 디자인 참고자료를 조사하고 가이드를 만들어 시작해보세요.

표지 스타일

1) 텍스트 표지 : 표지색과 폰트의 모양, 크기 배열을 주의
2) 일러스트 표지 : 책을 돋보이게 하는 일러스트 이미지가 중요

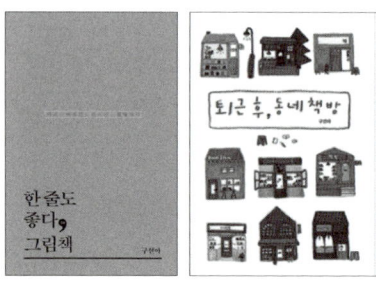

3) 사진 표지 : 책을 대표하는 사진 선택이 중요
4) 그림 표지 : 그림의 의미와 책의 주제와 일치되는지가 중요

내지 스타일
1) 텍스트 내지 : 여백과 폰트, 줄 간격 등을 주의
2) 이미지 내지 : 이미지의 크기와 비율 등을 주의

3) 사진과 텍스트 내지 : 사진과 텍스트의 배열, 사진 크기와 위치 등을 주의

03

도서 디자인
외주 맡기기

도서 디자인은 모든 원고 작성이 완료된 후에 진행합니다.

디자인하며 원고를 수정하거나 이미지를 추가해도 되겠지 하는 생각은 디자인 작업 시간을 더 늦추고 번거롭게 합니다.

독립출판물 제작 시 가장 어려워하는 것이 북 디자인입니다. 북 디자인은 내가 직접 하거나 외주 디자이너를 고용하는 방법이 있습니다. 외주 디자이너에게 맡긴다면 제일 먼저 해야 할 일은 적정한 견적으로 적정한 퀄리티를 낼 수 있는 디자이너를 찾는 일입니다.

디자이너는 어떻게 구할까요?
평소 가깝게 지내던 디자이너나 디자인 회사가 있다면 가격에 비해 좋은 퀄리티의 디자인을 받을 수도 있습니다. 아니라면 지인에게 소개받거나 프리랜서 구인 플랫폼을 이용하는 경우가 많습니다. 그리고 최근에는 독립서점에서 출판 업무를 하는 곳이 많아지고 있어서 평소 관계가 있는 서점 운영자에게 소개를 부탁하는 것도 방법입니다.

- 지인 소개
- 독립서점 연계
- 크몽 등 프리랜서 플랫폼 활용
- 디자인 회사 콘택트

디자이너를 구할 때 가장 중요한 것은?
견적과 디자이너의 포트폴리오입니다. 견적은 표지와 내지 디자인이 별도로 책정되고, 내지의 경우 판형과 페이지 수, 책의 형태에 따라 달라지며, 아트 디렉팅 비용이 추가될 수 있습니다. 또한, 디자이너 섭외 시 디자이너의 포트폴리오를 보고 내가 원하는 스타일인지 살펴보세요. 디자이너와의 첫 디자인 회의 때는 내가 원하는 책의 형태와 디자인 등을 참고 이미지와 함께 정리하면 소통이 원활해집니다.

또한, 디자이너에 따라 완성 파일을 인쇄소에 넘겨주고 인쇄소 커뮤니케이션까지 진행해 주기도 합니다.

〈외주 디자인 과정〉

적절한 견적 받기 - 계약 - 원고 파일 넘기기 - 시안 받기 - 시안 결정하기 - 디자이너 작업 - 최종 수정/확인하기 - 인쇄 제작 디자인 감리 - 완성 파일 받기

04

직접
디자인하기

인쇄소에 보내는 최종 파일은 PDF 파일입니다. 표지 PDF, 내지 PDF 파일 최종 2개의 파일로 생성해 주세요. 내지는 용량이 매우 커서 다루기 힘든 정도가 아니라면 1개의 파일로 합쳐서 보내는 게 좋습니다.

편집 프로그램 정하기

디자인은 출판 디자인 프로그램인 인디자인을 가장 많이 사용합니다. 인디자인은 종이책과 전자책을 만드는 어도비 프로그램으로 포토샵, 일러스트, 한글, 워드에서 작성된 콘텐츠를 손쉽게 가져올 수 있고, 인디자인에서 작업한 파일을 PDF, Folio, EPUB, HTML, SWF 등 다양한 형태의 파일로 변환하여 내보낼 수 있습니다.

일러스트와 포토샵 프로그램의 경우는 미술, 건축, 사진 등 이미지나 아트웍 위주의 책을 만들 때 유용합니다. 한 페이지씩 디자인해야 하므로 반복적인 레이아웃 작업을 할 때는 효과적이지 않습니다.

퍼블리셔는 마이크로소프트 오피스 프로그램으로 최근 간단한 독립출판물을 만들 때 많이 사용합니다. 오피스 패키지 프로그램인 워드나 엑셀, 파워포인트, 프로젝트, 비지오, 원노트 등과 호환이 좋아 문서 변형 없이 불러와 활용할 수 있습니다. 다만 복잡한 레이아웃 디자인이 힘듭니다. 따라서 엽서북, 사진집, 그림 위주의 책이 적합합니다.

한글오피스(아래아 한글)의 경우 텍스트 위주의 책일 경우 제작 가능합니다. 논문은 대부분 한글로 작성해 제작하고 있죠. 따라서 에세이, 소설, 시 등 이미지가 많지 않고 레이아웃이 단순하다면 충분히 가능합니다.

내가 내 책을 만들 때 가장 중요한 건 내가 얼마나 그 프로그램을 능숙하게 다룰 줄 아느냐와 내가 만들고자 하는 책을 얼마나 잘 구현해 낼 수 있느냐입니다.

〈도서 디자인 프로그램〉

- 인디자인 : 단행본, 잡지 등 다수의 출판물
- 일러스트 : 그림책, 아트북 등 이미지 위주
- 퍼블리셔 : 사진, 그림책 위주
- 파워포인트 : 교재, 학습자료 위주
- 한글 : 교재, 텍스트 위주

판형 정하기

판형은 책의 가로, 세로 사이즈를 말합니다. 기성 출판에서 많이 쓰는 판형은 128×188mm / 140×210mm / 145×210mm / 152×225mm 등입니다. 국판, 문고판이란 이름은 판형을 나타냅니다. 국판이 152×218mm, 문고판이 106×148mm입니다. 하지만 독립출판물의 경우 이보다 자유롭습니다. 손

바닥보다 작은 판형도 있고, 사진첩처럼 큰 출판물도 있습니다. 자신의 콘텐츠를 가장 잘 보여줄 수 있는 판형을 고민해보세요.

90년대 중후반 이전에는 국판과 문고판 사이즈의 책이 주를 이뤘습니다. 한동안 뜸하다가 최근에는 다시 많아지고 있습니다. 출판 시장 트렌드가 작고 가벼운 책을 선호하는 것으로 변화한 이유기도 하며, 제작비를 감소하여 위험 요소를 줄이는 방법이기도 합니다.

내지 디자인하기

내지 디자인은 그림책이나 사진집, 일러스트집이 아닐 경우 인디자인 사용을 권합니다. 인디자인은 출판 디자인에 최적화된 프로그램으로 1페이지부터 999페이지까지 편집할 수 있습니다. 또한, 어도비의 다른 프로그램과 호환을 할 수 있고 워드에서 작성한 원고를 한 번에 불러올 수 있습니다.

인디자인을 포함한 모든 프로그램에서 북 디자인을 시작하기 전에 체크해야 할 주요 사항입니다.

1) 재단 사이즈와 작업 사이즈 설정하기 : 보통 3mm 상하좌우 재단 여백을 둡니다. 사진이나 이

미지를 채울 때는 재단 사이즈까지 모두 채워서 작업합니다. 그래야 재단 후에 종이 색이 보이지 않습니다.

2) CMYK 설정 후 시작하기 : 사진이나 이미지, 컬러가 들어가는 경우 꼭 CMYK로 설정하고 작업해주세요. RGB는 화면상, CMYK는 인쇄상 적합한 컬러 설정값입니다. 요즘 디지털 인쇄소의 경우, 최종 파일에 RGB값의 이미지가 있어도 인쇄해주지만, 몇몇 인쇄소의 경우 이미지 교체를 요구하기도 합니다. 또한, 사진집이나 그림책, 일러스트집과 같이 색상의 차이에 민감한 출판물일 경우 RGB와 CMYK값의 이미지 인쇄 결과가 차이가 나니 주의해야 합니다.

3) 페이지 만들기 : 모든 책은 오른쪽 페이지가 홀수, 왼쪽 페이지가 짝수입니다. 이는 책의 시작 페이지가 홀수, 책의 끝나는 페이지는 짝수여야 합니다. 인디자인은 스스로 페이지를 생성하므로 오류가 나지 않지만, 다른 프로그램의 경우, 페이지가 홀수로 끝난다면 백지가 1페이지 생기는 것입니다.

4) 여백 설정하기 : 책의 상하좌우 여백을 설정해야

합니다. 여백은 재단 선과 다릅니다. 책을 펼치면 본문 사방으로 빈 종이가 보이죠. 이게 여백입니다. 책이 두껍다면 제본하는 위치 여백은 조금 더 두어도 좋습니다. 설정값에 정답은 없습니다. 여백은 디자인에 따라 모두 다르니 디자이너 혹은 제작자의 취향에 따라 설정해도 됩니다.

5) 레이아웃 디자인하기 : 책은 대부분 반복되는 레이아웃을 갖습니다. 한 챕터 정도의 원고를 디자인하고 결정한 후 모든 페이지를 디자인하면 수정 시간이 줄어듭니다. 중요한 레이아웃은 목차, 간지, 내용으로 나눌 수 있으며 내용 페이지에서 텍스트, 텍스트+이미지, 이미지 등 구성요소에 따라 달라집니다. 유명 디자이너의 경우 자신의 시그니처와 같은 디자인 레이아웃이 있습니다. 독립출판물을 많이 내는 제작자들도 가지고 있고요. 자신만의 레이아웃 스타일을 만들어두면 다음 작업 때도 유용합니다.

디자인 저작권 확인하기

1) 사진, 이미지 사용 시 주의점 : 최근에는 저작권에 관한 인지가 높아진 상태로 다른 사람의 사진이나 이미지를 도용하는 경우는 적습니다. 하지만 무료 사진, 이미지를 사용하면서 잘못된 해석

과 판단으로 종종 저작권 위법이 발생하고 있죠. 무료 이미지 사용 시, 수정 후 재사용 가능, 재사용 가능, 영리 목적 사용 가능 등 사용권을 꼭 확인하세요. 그리고 무조건 무료 이미지 사용보다 조금 비용을 내고라도 안전한 이미지를 구입하여 사용하시는 것을 추천합니다.

2) 폰트 사용 시 주의점 : 출판에서 저작권 위반 사례가 가장 많은 것이 폰트입니다. 내 PC에 깔려 있다고 모두 무료 폰트가 아닙니다. 폰트 사용 범위를 꼭 확인하고 사용합니다. 저작권 걱정 없이 마음껏 무료로 사용할 수 있는 한글 폰트 모음은 문체부에서 제공하는 '안심 글꼴 파일 서비스'를 활용하면 좋습니다.

표지 디자인하기

표지에는 책 제목, 작가명, 출판사명이 들어가고, 책을 설명하는 소제목이나 설명글이 들어가기도 합니다. 이 요소를 중심으로 폰트, 이미지, 사진을 사용해 디자인합니다. 가장 중요한 것은 책의 콘셉트와 어울려야 하며, 책 내지 분위기와 연계되는 디자인이 중요합니다. 표지를 디자인할 때는 책 제목 자체가 디자인의 한 요소이기 때문에 제목이 확정된 상태에서 디자인하면 좋습니다. 또한, 띠지를 추가한다면 이를 고려하여 표지 디자인을 해야 합니다.

디자인 시, 주의할 점은 앞표지(표1), 뒤표지(표4)와 책등 그리고 날개까지 한 번에 디자인해야 합니다. 물론 내지와 같이 재단 선을 상하좌우 3mm씩 주고 작업해야 합니다.

〈표지 디자인 주의할 점〉

- 이미지 소스 : 게티이미지, 토픽, corbis, trevillion
- 저작권 확인 필수, 폰트는 무료 폰트 사용하거나 유료 폰트 구입
- 프로그램 : 포토샵, 일러스트, 퍼블리셔, 인디자인
- 재단 사이즈와 전체 표지 작업 사이즈 설정하기
- 책등 넓이, 날개 넓이 확인하기

05

인쇄 및 제작

첫 책의 인쇄·제작을 넘기고 기다리던 설렘이 아직도 생생합니다.

편집 배열표 작성하기

본격적으로 책을 디자인하기 전에 페이지마다 어떤 내용이나 주요 디자인 요소가 들어가는지 계획하는 것을 편집 배열표 또는 페이지네이션이라 합니다. 내지의 첫 장부터 마지막 장까지 모두 계획하기 힘들다면, 반복되는 챕터를 중심으로 계획해보세요. 인디자인은 자동 페이지가 생성되고 페이지별로 한눈에 확인할 수 있지만, 한글, 일러스트 등 다른 프로그램의 경우 배열표 작업을 해 두는 것이 오류를 줄일 수 있습니다.

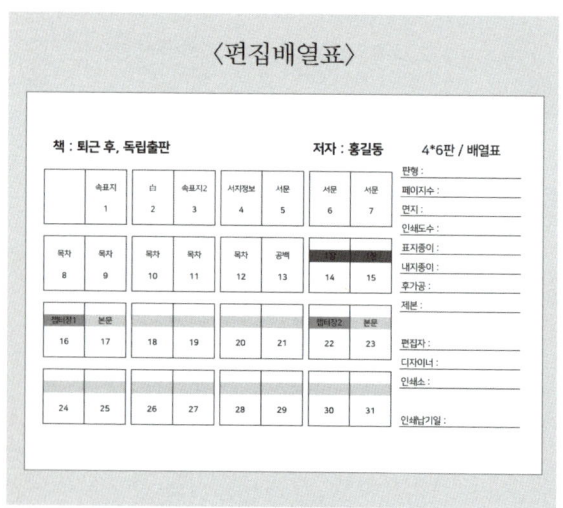

종이 이해하기

책에 적합한 종이를 고르면 제작비를 줄이고, 버리는 종이를 최소화할 수 있습니다.

종이의 1m^2당 무게를 평량이라고 합니다. 단위는 g/m^2입니다. 종이 샘플을 보면 '종이 이름, 숫자 g' 적혀있는데 여기서 g이 평량을 뜻합니다. 모조지 100g/1m^2인 경우는 모조지 가로 1m, 세로 1m 한 장의 무게가 100g이란 뜻입니다. 종이의 두께는 종이 한 장의 높이입니다. 단위는 μm(1/1000mm)로 예를 들어 두께가 100μm라면 0.10mm입니다.

종이는 크게 국전지, 46전지로 나뉩니다. 국전지는 우리가 흔히 사용하는 A4 용지를 기준으로 하고, 46전지는 B5 용지를 기준으로 합니다. 이에 A용지, B용지라고 부르기도 합니다. 출판물은 판형 사이즈의 종이에 한 장씩 인쇄하는 게 아니라 국전지나 46전지에 여러 페이지를 동시에 인쇄, 재단합니다. 이에 어떤 종이에 어떤 판형인가에 따라 제작비가 차이가 납니다.

국전지(A0)와 46전지(B0)의 종이 절지에 따른 구분 명칭을 살펴봐 주세요.

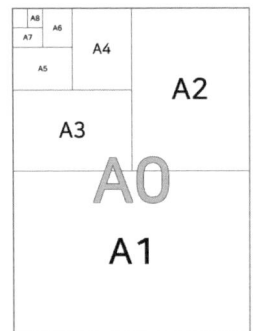 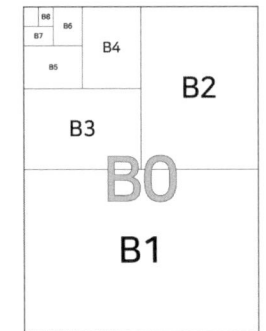

판형은 국전지와 46전지를 잘라서 사용할 때 버리는 면이 없이 책으로 많이 쓰이는 규격을 기준으로 정리한 것입니다. 일반적으로 소설책은 신국판, 잡지 등은 국배판이 쓰이며, 최근 일반 단행본 등은 46판이 많이 쓰입니다.

	판 형	규격(mm)	종이결	전지 1매의 면 수
국전지	신국판	225x152	세로결(종목)	16절(32페이지)
	국판(A5)	210x148	세로결(종목)	16절(32페이지)
	국반판(A6)	148x105	가로결(횡목)	32절(64페이지)
	국배판(A4)	297x210	가로결(횡목)	8절(16페이지)
4x6전지	타블로이드(B4)	374x254	가로결(횡목)	8절(16페이지)
	4x6배판(B5)	257x188	세로결(종목)	16절(32페이지)
	4x6판(B6)	188x127	가로결(횡목)	32절(64페이지)
	18절판(크라운판)	248x176	가로결(횡목)	18절(36페이지)

크라운판 - 제본의 특성상 두루마리 접지 관계로 2절 16p접지 (4x6)배판 방식으로 종목 사용

출판물 제작 시 종이는 일반적으로 내지와 표지 두 종류를 정하게 됩니다. 내지는 모조지 계열을 가장 많이 사용합니다. 표지는 내지보다 다양하게 여러 종이를 사용하죠. 종이는 일반적으로 일반지, 고급지, 특수지로 나뉩니다. 종이에 따라 제작 견적이 달라지고 인쇄소에 따라 사용하는 종이도 다릅니다. 특수지의 경우 직접 종이를 인쇄소에 종이를 입고해야 하는 일도 있습니다. 이때는 내가 원하는 종이를 지업사에서 사서 인쇄소로 보내야 합니다.

〈종이의 종류〉
- **본문용지** : 스노우지, 아트지, 모조지, 뉴플러스지 등
- **표지용지** : 몽블랑, 랑데부, 아르떼, 마쉬맬로우, 앙상블, 린넨, 띤또레또, 켄도, 크라프트지 등
- **특수용지** : 펄지, 친환경 용지, 합지, 산업용지 등

제본 방식 정하기

대부분 단행본은 무선 제본과 무선날개 제본으로 제작하나 독립출판물의 경우보다 다양한 제본 방식을 선택합니다. 출판물의 차별화된 형태 자체가 특화된 나의 시그니처가 될 수도 있습니다. 자신의 출판물에 어울리는 제본 방식을 선정하세요.

1) 무선 제본/무선날개 제본 : 단행본에 가장 많이 사용하는 제본 형태입니다. 내지가 재단된 책등 부분을 접착제로 고정하고 표지를 내지에 붙이는 방식입니다.
2) PUR : 무선제본과 비슷하나 폴리우레탄 접착제를 사용해 무선제본보다 유연하게 책이 펼쳐집니다. 오래 보관하거나 많이 보더라도 책장이 낱장으로 떨어지지 않습니다.
3) 양장 제본 : 두꺼운 장정판으로 표지를 만들고 내지를 실로 묶는 제본방식입니다. 사진집이나 전문서적, 그림책 등에 많이 사용됩니다.
4) 반양장 제본 : 내지는 양장 제본과 같되 표지는 무선제본과 같이 제본하는 방식입니다. 양장 제본보다 저렴하지만, 무선제본과 비교하여 내구성이 좋습니다.
5) 중철 : 책등 없이 중간에 스테이플러로 찍어서 제본하는 방식입니다. 얇은 종이일 경우 64페이

지 이내, 중간 두께의 종이일 경우 32페이지가 적당하며 내지 페이지 수가 4의 배수로 구성해야 합니다.
6) 떡 제본 : 접착제로 한 면을 붙인 제본 방식으로 뜯어 쓰는 엽서 북, 메모지 등에 많이 사용합니다.
7) 와이어 제본(스프링 제본) : 재단된 인쇄물을 같은 간격으로 구멍을 뚫어 스프링을 끼워 넣는 방식입니다. 독립출판물에서는 드로잉북, 일반적으로는 연습장, 보고서, 제안서 등에 많이 사용됩니다.
8) 접지 : 브로슈어에서 많이 보던 형태로 한 면이 길고 한 면은 짧아 긴 면을 접어서 넘겨보는 방식입니다. 최근 쇼트 콘텐츠를 다루는 독립출판물에서 많이 사용합니다. 접지는 40~60g 32쪽 접지, 80~120g 16쪽 접지, 150~180g 8쪽 접지, 200~280g 4쪽 접지, 300g 이상은 선압(오시) 후 접지 가능합니다.

후가공 정하기

후가공이란 인쇄 후에 추가로 제작이 더해지는 작업을 말합니다. 다양한 종류의 후가공이 있으나 인쇄소마다 제작이 가능한 후가공 종류가 다르고 때론 제작자가 직접 후가공 업체로 출판물을 넘겨 작업해야 하는 일도 있으니 인쇄소 확정

전에 꼭 확인하세요.

1) 표지 코팅 : 무광 코팅, 유광 코팅
2) 책자 귀돌이 : 책 모서리를 둥글게 깎는 방법
3) 디지털 부분 UV : 표지 중 일부 디자인 요소를 강조하여 코팅하는 방법
4) 에폭시 : 표지 중 특정 부분에만 코팅하는 방식으로 UV 코팅과 다르게 볼록한 입체감이 느껴지는 코팅 방법
5) 디지털 박 : 금박, 은박, 녹박, 홍박 등
6) 형압 : 특정 글자나 디자인 요소가 입체감을 주는 것으로 엠보형압(양각)과 오목하게 들어가게 하는 디보형압(음각)
7) 타공 : 특정한 모양을 절단한 방법으로 간단한 모양을 내는 톰슨(도무송) 방법, 복잡한 요소를 절단하는 레이저 컷팅 방법이 있음
8) 오시 : 종이를 접기 쉽게 누름 자국을 내는 것
9) 미싱 : 점선 형태로 쉽게 뜯거나 잘라낼 수 있도록 하는 줄을 내는 방법

인쇄 방식 정하기

인쇄 방식은 크게 오프셋 방식과 디지털 방식이 있습니다. 몇 년 전까지 개인이 책을 내기 가장 힘들었던 이유가 비용의 문제였습니다. 그중 하나가 인

쇄비 때문이었죠. 이는 오프셋 방식으로만 책을 제작해야 했기 때문입니다. 독립출판물의 경우 평균 500부 이하라면 디지털 방식을, 500부 이상이면 오프셋 방식을 사용하지만 인쇄 사양에 따라 다를 수 있으니 양쪽 다 견적을 내고 진행하면 좋습니다.

오프셋 방식이란 인쇄판을 사용하는 인쇄 방식으로 연 단위의 용지를 사용하는데 1연이 전지 500장 정도 됩니다.

〈오프셋 인쇄 과정〉

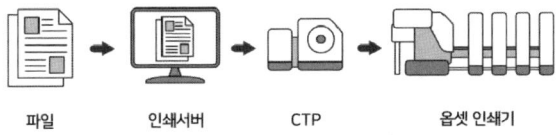

디지털 방식이란 인쇄판을 사용하지 않고 장 단위 용지를 사용합니다. 인쇄기에 따라 다르나 전지와 같이 큰 종이를 장으로 넣어 한 장에 여러 페이지를 한 번에 인쇄하는 방식입니다.

〈디지털 인쇄 과정〉

인쇄 견적 받기 및 인쇄소 결정

최근 디지털 인쇄를 하는 인쇄소들은 홈페이지에서 바로 견적을 받을 수 있습니다. 책을 만들면서 중간에 견적을 가늠할 수 있습니다.

디지털 인쇄소의 장점은 샘플 도서 제작이 소량이라도 저렴하고 빠르게 가능하다는 점입니다. 독립출판이라도 본 인쇄를 맡기기 전에 꼭 샘플 책을 제작하는 걸 추천합니다. 디지털 인쇄는 저렴하게 한 권도 제작이 가능하므로 샘플 책을 제작해 종이의 질감, 종이의 넘김, 인쇄와 제본 상태, 책의 모습 등을 확인하는 것이 좋습니다.

여러 인쇄소에서 샘플 책을 제작해 비교하고 본 인쇄를 할 인쇄소를 결정해도 좋습니다. 디지털 인쇄라도 인쇄소마다 기계가 다르고 엔지니어가 달라서 조금씩 책의 느낌이 달라질 수 있습니다. 여러 인쇄소를 경험하다 보면 나에게 꼭 맞는 인쇄소를 찾게 됩니다.

〈실시간 견적이 가능한 디지털 인쇄소〉
- 인터프로 인디고 https://www.interproindigo.com
- 알래스카 인디고 https://www.alaskaindigo.co.kr
- 성원애드피아 http://www.swadpia.co.kr
- 레드프린팅 https://www.redprinting.co.kr/ko
- 후니프린팅 http://www.huniprinting.com 등

이 외 다수의 인쇄소가 발주서를 작성합니다. 종이, 인쇄, 제본 방법 등이 확정되면 최종 발주서를 통해 다시 한번 확인합니다.

〈제작발주서 예〉

도서명	퇴근 후, 동네 책방							
발주량	도서 2,000부							
판 형	46판변형(128×188)			제 본	무선			
본문량	도서 184쪽			판쇄(발행일)	1판 1쇄			
발주일	2020. 3. 18(수)			완료희망일	2020. 3. 25(수)			
담 당	리얼북스 이루경(010-5300-9991), 최병윤 편집장(☎ 02-334-4045 / 010-6331-4045)							
메 모	•입고처 : 황금날개물류센터(햇가마을길 77) ••46종이 2절로 잘라서 입고!!!!							

	지업사	구분	입고처	평량(g)	지종	규격	색상	정미	여분	합계
용지	일문	표지	한길	210	아르떼	국횡	NW	0.33R	0.57R	0.9R
	일문	커버	한길	130	아르떼	46횡	NW	0.4R	0.2R	0.6R
	일문	본문	한길	120	모조	46횡	백색	8.625R	1.725R	10.35R

	인쇄소	구분	색도	절수	특이사항	작업일자
인쇄	한길	표지	4도		표지 268×188	
	한길	커버	4도	앞, 뒤 양면	커버 420×188	
	한길	본문	4도	-	본문 128×188	

	가공처	구분	작업절수	작업내용	작업일자
가공	한길	커버		무광코팅	

	제본소	구분	작업내용	작업일자
제본	광무	제본	무선 제본	

리얼북스 알비

인쇄 데이터 만들기

"제가 원고만 써서 인쇄소에 넘기면 알아서 해주는 건가요?"
"잘못된 거는 수정해서 인쇄해 주는 거죠?"

인쇄소에서 간단한 디자인을 해주거나 표지를 만들어준다고 생각하는 분들이 꽤 많습니다. 인쇄소는 이름 그대로 인쇄를 해주는 곳입니다. 내가 넘긴 데이터를 토대로, 내가 넘긴 발주서를 바탕으로 만들어줍니다. 따라서 내가 데이터를 잘못 넘기거나 발주서에 잘못 기재한다면 잘못된 대로 만들어지게 됩니다.

인쇄소에는 최종 표지 PDF 파일과 내지 PDF 파일을 전달합니다. 인디자인, 일러스트, 한글 어떤 프로그램으로 편집을 했던 최종 전달 파일은 PDF입니다.
파일 전달 방식은 인쇄소마다 다릅니다. 홈페이지나 웹하드에 올리거나, 이메일로 전달하는 경우가 일반적입니다. 파일을 받은 인쇄소는 파일 자체에 문제가 없는지 즉, 파일이 깨지진 않는지, 제단선은 잡아 두었는지 등을 확인하고 인쇄 제작에 들어가게 됩니다.

인쇄 감리하기

인쇄 감리란 디자인에서 의도한 대로 인쇄가 잘 나왔는지 확인하기 위한 절차입니다. 직접 인쇄소를 방문하여 교정지를 확인하며 컬러 등을 확인합니다. 원하는 컬러가 명확하게 있다면 팬톤 컬러칩 등을 준비하고 마음에 든 샘플 책자나 이미지를 챙겨 비교하면 좋습니다.

컬러는 엔지니어에 따라, 인쇄기에 따라, 날씨 등의 영향을 받아 같은 사양이라도 조금씩 다르게 나옵니다. 종이의 종류와 습도에 따라 컬러가 달라질 수 있고 인쇄기 조건에 따라 혹은 엔지니어의 상태에 따라서도 달라질 수 있죠. 따라서 텍스트 위주의 책일 경우 표지 감리가 우선이고, 컬러가 중요한 사진집이나 그림책, 일러스트집일 경우 내지 감리도 꼼꼼히 보면 좋습니다.

〈인쇄 감리 시 체크해야 할 것〉
- 종이 종류
- 종이 평량
- 종이 결
- 인쇄된 컬러 상태
- 페이지 순서 등의 오류

〈인쇄 감리 시 에티켓〉
- 인쇄소에 따라 인쇄 감리가 불가한 곳도 있으니 미리 확인
- 미리 인쇄소에 연락하여 시간 약속 잡기
- 정확한 약속 시각에 방문하기
- 교정지 전달 시까지 채근하지 않기
- 엔지니어의 전문적 기술성을 신뢰하기

샘플 제작 및 완성된 책 받기

독립출판물의 경우, 출판에 익숙하지 않은 경우가 많으니 인쇄 감리 전에 샘플 제작을 통해 인쇄 실수나 사양 등을 체크해보는 것이 좋습니다. 미리 똑같은 사양으로 책을 제작하여 보는 것이죠. 최소 두 권을 제작하여 한 권은 디자이너 또는 제작자가, 또 한 권은 인쇄소에서 본 작업을 위한 샘플로 사용할 수 있도록 하면 좋습니다. 인쇄 감리를 가지 않더라도 컬러의 기준을 잡고 인쇄사고가 나지 않도록 실물의 작업 가이드를 전달할 수 있습니다.

샘플 책자와 본 책자 모두 인쇄소에서 직접 픽업하거나 택배, 퀵으로 받을 수 있습니다. 디지털 인쇄의 경우 평균 일주일이면 제작이 모두 가능하나, 그래도 인쇄 제작 후 일정은 여유 있게 잡아 두고 계획하는 것이 좋습니다.

memo

Chapter 05

독립 출판물 판매하기

01

출판사
창업하기

출판사는 1인이 창업하기에 매우 매력적인 분야입니다. 특히나 책을 좋아하고 글을 쓰거나 그림을 그리거나, 사진을 찍고, 디자인 전공자라면 더욱 매력 있는 사업으로 다가옵니다. 다른 창업에 비해 초기에 필요한 자본금이 적고, 내 콘텐츠를 생산하고 이를 바탕으로 독자와 소통한다는 것에서 보람을 느낄 수 있습니다.

출판문화산업진흥원의 출판산업 동향에 따르면 2019년 말 기준 등록된 출판사 수는 62,983개입니다. 서울이 54.2%를 비롯해 수도권 소재 출판사가 77.0%로 대다수 출판사가 수도권에 밀집해 있습니다. 이중 출판사 등록 신고를 하고도 1종의 책도 출간하지 않는 무실적 출판사의 수가 62,983개 중 55,053개로 전체 대략 87% 정도입니다. 또한, 2020년 상반기 38,214종, 월평균 6,369종의 신간 도서가 발행되었습니다. 교육 분야 도서가 26.2%로 전체 신간 도서의 약 1/4 비중을 차지한다고 하지만, 이를 제외하고도 하루에 160종 신간 도서가 나옵니다. 이는 ISBN을 획득한 도서 수만이죠. ISBN이 없는 독립출판물까지 합친다면 그 수는 더 커집니다.

내용과 형식이 자유롭고 취향을 생산하고 소비하는 독립출판. 분명 기성출판과 차별화되는 무엇이 있지만, 소비자와 독자는 구분하지 않고 책을 고릅니다. 내가 출판사를 창업하여 독립출판물을 만들고 싶다면 출판계와 독립출판과 독립서점계를 잘 알아보고 시작하길 권합니다. 개인이 자신의 취향 혹은 콘텐츠를 나누기 위해 독립출판하여 출판물을 소규모로 유통하는 것과 출판사를 창업하여 유통하는 것은 엄연히 다릅니다. 서점과 독자가 요구하는 서비스와 행정 업무 능력도 갖춰야 하며 그에 따른 재정도 준비해야 합니다.

출판사 신고하기

독립출판물의 경우 출판사 사업자가 없어도 독립서점을 통해 유통 가능합니다. 하지만 대형서점이나 온라인서점 유통 등을 원하고, 각종 기관 및 지자체의 지원 사업에 공모하고 싶다면 출판사 등록과 사업자등록은 필수입니다. 출판사는 개인 사업자와 법인 사업자 모두 가능합니다.

〈개인사업자 준비 서류〉
- 건물등기사항 증명서(임대차 계약서)
- 주민등록등본
- 대표 인감도장
- 대표 인감증명서
- 신분증
- 출판사 신고 신청서

〈법인사업자 준비 서류〉
- 건물등기사항 증명서(임대차 계약서)
- 주민등록등본
- 주주 서면의결서
- 주주명부
- 법인등기부등본
- 법인 대표 인감도장
- 법인 대표 인감증명서

- 신분증
- 출판사 신고 신청서

〈신고 절차〉
- 관할 시청 또는 군·구청 문화관광과 방문
- 출판사 신고서 작성
- 출판사 신고서와 함께 준비 서류 제출
- 세무과 신고
- 민원실 접수
- 2~3일 후 문자 알림 후 문화관광과 방문 출판사 등록증 수령
- 면허비 납부

> 〈출판사, 인쇄사 검색시스템〉
>
> 출판사, 인쇄사 상호의 중복 등록을 막기 위해서 사전 검색시스템이 도입되어 있으며, 지역이 다르고 주소가 달라도 같은 상호로 등록은 불가합니다(http://27.101.209.86/html/main.php).

사업자 등록하기

출판사 등록증을 받으면 사업자등록을 해야 합니다. 사업자 신고는 온라인으로 가능하며 2~3일이면 등록이 완료되어 사업자등록증을 받을 수 있습니다. 이때 출판사 외에 전자상거래, 소매 등 다른 종

목을 추가한다면 관련한 등록증이나 서류가 무엇이 필요한지 미리 살펴보시고 준비해서 함께 신청하면 됩니다.

이때 사업 방식에 따라 개인사업자, 법인사업자, 사업 종목에 따라 과세사업자, 면세사업자, 과세사업자 사업 규모에 따라 간이과세자, 일반과세자로 나뉩니다. 출판사만 운영할 경우 면세사업자입니다.

〈사업자 등록 절차〉
- 홈택스 www.hometax.go.kr 가입
- 일반 세무서류 신청 메뉴에서 사업자등록 신청
- 개인 기본정보 및 사업장 소재지, 업종, 사업장 유형 등 정보 등록
- 건물등기사항 증명서(임대차계약서), 출판사 신고필증, 주민등록등본 등 업종에 따른 필요 서류 제출
- 사업자 등록증 발급
- 사업자 통장 개설, 계산서 발행 가능 공인인증서 개설 등
- 종합소득세, 부가가치세, 원천세 등 세금 신고 확인
- 4대 보험료 확인 및 등록(직원이 있는 경우)

02

발행자 번호 및 ISBN 받기

독립출판물의 경우 ISBN이 없어도 독립서점을 통해 출판물 유통이 가능합니다.

대형서점이나 온라인 체인서점 유통 시에는 반드시 출판사 신고필증, 사업자등록증, ISBN 등이 필요합니다. ISBN은 국립중앙도서관 서지정보유통지원시스템에서 발행자 번호를 발급받습니다.

ISBN 및 ISSN 등록은 국립중앙도서관 서지정보유통지원시스템에서 온라인으로 발급 진행합니다. 처음 등록할 시에는 온라인 교육이 있으니 미리 사이트 회원가입을 진행하여 확인하는 것이 좋습니다.

〈서지정보유통지원시스템 활용〉
- 발행자 번호 신청 : 발행자명, 발행처명, 주소, 전화번호, 이메일, 홈페이지 등 기본정보 등록, 출판사 신고번호, 신고년월일, 기 발행도서, 올해 출판예정 도서, 주요 출판분야 등 출판사 정보 등록, 출판사 신고 확인증 첨부
- ISBN 신청 : 도서번호 생성, 출판예정 도서 책 제목, 부제목, 표지, 간지면(판권지), 저자 사항, 제작 사양, 가격, 발행일 등 책 정보 등록, 2~3일 내 ISBN 승인 완료, 승인 완료 후 ai파일 또는 pdf 파일로 ISBN 다운로드
- 국립중앙도서관 납본 : ISBN / ISSN이 없어도 납본 가능, 납본 자료 2부(보존용 1부. 열람용 1부)와 납본서, 보상 청구서를 직접 방문 또는 우편 제출

303

유통 및
판매하기

물류창고는 책을 보관하고, 포장하고, 주문이 들어오면 유통을 해줍니다.

책값 정하기

독립출판물을 만들면서 책 제목만큼이나 고민하는 것이 책값입니다. 독립출판은 기성출판보다 소량 제작하기 때문에 원가가 더 비쌉니다. 원가는 직접비와 간접비로 나눌 수 있는데 직접비는 외주 작업비 즉, 교정 교열비, 디자인비, 일러스트비 등과 스캔비, 인쇄비, 제본비, 용지대, 후가공비 등이 포함됩니다. 간접비는 제작자의 인건비, 소모품비, 교통비 등 출판물을 준비하며 사용한 일반 관리비와 물류비, 광고비가 포함됩니다.

책값을 정할 때는 먼저 원가를 계산하고 손익분기점을 알아야 합니다. 손익분기점은 총 제작 비용과 수익이 같아지는 시점으로 많은 독립출판 제작자가 이를 따져보지 않고 초판 제작 부수와 책값을 정합니다. 실제로 독립출판물 중 어떤 책은 팔릴수록 손실인 책도 있습니다. 또한, 책의 판매가와 책값은 다릅니다. 책값은 정가로 소비자가 구매하는 금액이며, 판매가는 제작자가 책을 판매하는, 즉 정가×평균 공급률을 말합니다.

- 판매가 = 정가×서점(또는 총판) 공급률
- 손익분기 부수 = 총제작비÷판매가
- 손익분기 매출액 = 판매가×손익분기 부수
- 예상 매출액 = 판매가×제작 부수
- 예상 수익 = 예상 매출액-손익분기 매출액

물류창고 쓸까 말까

물류창고는 매달 고정으로 쓰이는 비용이기 때문에 독립출판 1~2종을 하는 제작자에게는 추천하지 않습니다. 다만 독립출판사를 운영하거나 출판사 창업을 고려하고 있다면 사용하는 것이 좋습니다. 특히 대형서점이나 온라인 체인서점에 책을 유통할 경우는 필요합니다.

물류창고는 책을 보관하고, 포장하고, 주문이 들어오면 유통을 해주는 곳입니다. 배본사와 계약하면 자체 온라인시스템을 통해 재고 관리, 거래가 이뤄집니다. 매일 아침 사이트에 거래명세서를 작성해두면 오전 중에 물류창고에서 도서가 출고됩니다.

〈물류창고업체〉
- 날개 • 런닝북 • 문화유통 • 북센 • 예스24
- 교보문고 • 최강물류 • 코업로지틱스 • 탐북
- 한강물류 • 한국도서유통 등

소형 물류사의 경우 1개월에 15만 원~20만 원가량의 비용을 받고 있으나 무조건 적은 비용의 물류사를 쓰는 것을 추천하진 않습니다. 2019년 11월 한 파주의 소형 물류사가 화재로 보관 중인 모든 책이 전소되는 일이 발생했습니다. 화재보험이 없던지라 출판사들 손해가 컸던 사건입니다. 물류창고 선정

시 두세 군데 이상 둘러보고 자신에게 맞는 물류창고를 선택하는 것을 권합니다.

〈도서 보관 및 물류비용 사례〉

구분	기본수수료	추가수수료	비고
임차보증금	없음	없음	월기준
보관료	10,000부 기준 100,000원	권당	

구분	기본수수료	추가수수료	비고
시내배송	10,000부 기준 100,000원	권당	월기준
지방배송	100원		
본사출고	40원		

구분	수수료	비고
종당 정품 관리비	없음	월기준
정품 입고비	없음	
명세서 발행비	없음	
포장비	장당	
포장비(BOX)	박스당	
화물, 택배비	실비	
시내 반품 수거비	덩어리당	
지방 반품 수거비	덩어리당	
택배 출고비	권당	소, 중, 대
반품 재생비	권당	
이사비용	별도	
프로그램 사용료	월	

대형서점 계약하기

대형서점 계약은 출판사 등록 및 사업자등록이 갖춰져 있는 곳만 가능합니다. 대부분의 대형서점 계약 절차와 필수 서류는 비슷합니다.

- 사업자등록증, 계산서 발행 필수
- 온라인서점, 오프라인서점 별도 계약
- 서점 지점별 방문 및 MD 미팅 등 필요
- 배본사 별도 계약 필요
- 위탁 판매 및 홍보, 정산

서점 신규 거래 시 필요한 공통적인 서류는 사업자등록증, 인감증명서, 인감도장, 사업자 통장 사본, 견본도서, 보도자료, 거래약정서, 출간 예정도서 목록, 물류 계약서 사본 등입니다.

〈교보문고 계약 구비서류〉

1. 신규거래 신청서 1부(인감 날인)
2. 사업자등록증 사본 1부
3. 최근 3개월 이내 발급한 인감증명서 원본 1부(개인회사 : 대표 인감, 법인 : 법인 인감)
4. 결제계좌 통장 사본 1부(개인 : 대표 명의(상호 필수 기재), 법인 : 법인 명의, 전자어음 수취 가능 통장)
5. ISBN 및 바코드가 등록 된 도서 견본 1부
6. 배본사 계약서 사본 1부

※ 최소 2종 이상의 도서가 출간되어 있어야 계약 가능

온라인서점 계약하기

온라인서점은 온라인 계약으로 진행하는 곳이 많습니다. 알라딘, YES24, 교보문고, 인터파크 등 거래를 원하는 서점 홈페이지에 들어가면 신규거래 담당자 연락처를 확인할 수 있습니다. 대부분 신규거래 신청을 온라인으로 하면 담당자가 확인 후 이메일로 신규거래 약정서를 보내옵니다. 이때 필요한 서류를 전달하거나 등록하면 됩니다. 필요서류는 대형서점과 비슷합니다.

전자책서점

전자책을 관리하는 서점에는 직접 가서 계약하는 것은 담당자가 반기지 않을 수도 있습니다. 각 홈페이지나 담당자에게 연락하여 이메일 등으로 계약 조건 등을 확인하고 계약서 작성이 이뤄집니다.

- 교보문고 http://digital.kyobobook.co.kr
- 예스24 http://www.yes24.com/Mall/Main/eBook
- 알라딘 https://ebook.aladin.co.kr
- 영풍문고 https://ypscm.ypbooks.co.kr
- 인터파크 http://book.interpark.com/bookPark
- 리디북스 https://ridibooks.com
- 북큐브 https://www.bookcube.com

독립서점 판매

독립서점은 ISBN이 없는 독립출판물을 판매할 수 있는 유일한 서점입니다. 최근 독립출판물의 증가로 독립서점에는 매일 도서 입고 메일이 옵니다. 그러나 모든 독립서점이 독립출판물을 다루거나 입점 문의를 받진 않습니다. 이에 먼저 내 출판물과 어울리는 독립서점을 찾아야 합니다. 그리고 이메일로 입고 요청을 합니다. 앞서 작성한 서지정보와 책 이미지를 보내 서점 운영자가 출판물 입고 여부를 결정할 수 있도록 돕고, 입고 여부 회신을 받으면 택배, 물류창고 배송 또는 방문하여 입고합니다. 독립서점은 운영 방식이 모두 다르므로 입점 방법, 부수, 수수료, 필요서류 등을 확인해야 합니다.

- 내 출판물에 맞는 독립서점 찾기
  - 독립서점 리스트업
  - 입고 문의 방법, 입고 도서 분야 등 확인
- 독립서점 입고 요청하기
  - 서지정보, 책 소개, 표지 이미지, 내지 이미지 4~5페이지, 콘셉트 이미지 등 전달
  - 초도 입고 물량 평균 5권~10권, 샘플 1권
  - 계산서 발행 가능 사업자 수수료 평균 30~35%, 미발행자 35~40%
  - 정산 일정은 서점마다 상이. 한 달, 분기, 일

년 등
  - 반품 시기를 분기나 일 년으로 정해 놓은 서점도 있지만 대부분 서점 이사나 출판사/제작자 요청 시 반품
- 배송
  - 직접 방문 입고, 택배 입고
  - 출판사/제작자 선불 입고
- 독립서점 온라인스토어 입점
  - 서지정보, 이미지 등 전달한 자료를 통해 온라인스 토어 등록
  - 서점 자체 홈페이지, 네이버 스마트 스토어 등

〈독립서점 입고 시 유의할 점〉
- 내 출판물과 어울리는 서점 찾기
- 단체 메일로 보내지 않기
- 서점명 틀리지 않기
- 서지정보와 책 이미지 보내기
- 입점 여부를 당연시 하지 않기
- 약속없이 찾아가지 않기

개인 판매

독립출판의 경우 출판사, 사업자등록증이 없는 경우가 많습니다. 판매와 유통보다는 개인의 작업 과정 중 하나로 출판하기도 하며, 그림, 사진, 영상, 음악 등과 연계하기 때문이기도 합니다. 이에 서점과

총판이 아닌 개인이 판매하는 때가 많습니다.
꾸준히 개인 소셜네트워크서비스를 통해 개인 작업을 노출하고 사람들과 소통해 온 창작자, 제작자라면 개인 판매가 유용합니다. 독립서점 유통 시 평균 30%의 수수료와 택배비 등이 제외되니 수익이 높아집니다.

- 개인 소셜네트워크서비스
  - 개인 소셜네트워크서비스를 통해 지인과 팔로워에게 판매할 수 있습니다. 이때에는 포장, 택배 발송 등의 번거로움은 존재하나 수익률이 서점 판매보다 30% 정도 높습니다.
- 네이버 스마트 스토어
  - 네이버 스마트 스토어는 사업자등록증 없이도 개인 인증 절차에 의해 개설, 등록하여 판매 가능한 플랫폼입니다. 출간 종수가 많아지고, 책 외에 관련 굿즈를 함께 판매하기 좋습니다.
- 독립출판 마켓
  - 매년 정기적으로 열리는 독립출판 마켓에 신청, 참가하여 독자, 소비자와 대면하여 판매합니다. 독자의 반응을 바로 알 수 있고, 책에 관한 피드백과 동료 독립출판 제작자들과 네트워크 자리가 되기도 합니다.

- 기타 오픈마켓
  - 사업자등록 후 카카오, 쿠팡 등 오픈 마켓에 적합한 상품으로 재구성하여 등록, 판매가 가능합니다. 신청 후 승인이 쉽지 않지만, 플랫폼에 어울리는 상품으로 구성될 경우 판매율이 높습니다.

04

마케팅 및 홍보하기

책을 어떻게 팔아야 할까요. 책은 문화 상품이라고 합니다. 문화를 파는 것도 상품을 파는 것도 어려운데 문화 상품을 팔아야 합니다.

독립출판 제작자 혹은 독립출판사의 경우 마케팅 비용과 홍보 채널이 적기 때문에 기성출판사와 경쟁하기 어렵습니다.

출판 기획부터 제작, 유통, 홍보까지 전체적인 스토리텔링이 필요합니다. 자본과 물량으로 경쟁할 수 없으니 나만의 특색 있는 스토리를 만들어 중심적으로 어필해야 합니다.

보도자료(서지정보/홍보자료) 작성하기

서지정보를 포함한 홍보자료는 미리 작성해 두어야 합니다. 앞서 대형서점, 온라인서점, 독립서점과 계약하고 책을 거래할 때에는 반드시 책마다 홍보자료를 전달해야 합니다. 또한, 홍보자료를 온라인 신문사나 관련 웹진 등에 배포하여 신간 홍보를 요청할 수도 있고, 잡지나 월간지 등에 도서와 관련한 글을 기고할 기회를 얻을 수도 있습니다.

〈보도자료 내용〉
- 기본 서지정보 :
- 작가소개 :
- 책 소개 : 한 줄 요약, 세부 내용
- 목차 :
- 책 속 문장 :
- 책의 특징, 차별점(홍보자료 별도 준비) :

- 저자소개 :
- 책 요약 소개 :
- 책 미리보기 이미지 : 서점별로 다름

〈서지정보 내용〉
- 도서명 :
- 부제 :
- 저자명 :
- 출간일 :
- 쪽수 :
- 판형 :
- 제본 형태 :
- 책값 :
- ISBN :

개인 소셜네트워크서비스

팔로워를 확보하고 있거나 플랫폼을 가지고 있는 창작자의 경우 개인이 소셜네트워크서비스를 통해 홍보하는 일이 가장 흔하고 쉽습니다.

1) 인스타그램, 페이스북 : 팔로워 수가 많으면 도움이 됩니다. 팔로워 수가 적더라도 독립출판을 꾸준히 할 계획이라면 천천히 개인 소셜네트워크서비스 계정을 키워보는 게 좋습니다. 독자와 소통

하는 것은 물론 간단한 이벤트나 소식을 주고받기 좋고 일부 책 판매도 이루어집니다.
2) 블로그, 포스트 : 지속해서 같은 주제로 포스팅한다면 포털 사이트에 노출되기도 합니다. 또한, 개인 홈페이지 제작 대신 홈페이지 겸용으로 사용하기 좋습니다.
3) 브런치 출판 관계자나 독자에게 어필하기 위한 플랫폼으로 사용하면 좋습니다. 브런치 작가가 되기 위한 조건이 있으니 브런치 사이트에서 확인 후 신청해주세요.
4) 개인 홈페이지 : 일러스트, 그림, 사진 등 이미지 위주의 작업을 하는 창작자나 외주 작업을 하고 싶은 창작자라면 개인 홈페이지를 제작하면 좋습니다. 개인 이력, 포트폴리오, 판매 등이 가능합니다.

크라우드 펀딩

이전에는 개인 창작자와 소규모 창작 집단이 제작비를 마련하기 위해 크라우드 펀딩을 진행했다면, 최근에는 선판매 및 홍보를 위해 크라우드 펀딩을 진행하는 경우가 늘고 있습니다. 출판창작자의 경우 출판 카테고리가 별도로 존재하는 텀블벅을 가장 많이 사용합니다.

1) 와디즈 : 스타트업이나 프로젝트팀이 펀딩하기 좋습니다. 기획 펀딩이 많고 새로운 아이디어 창작물의 펀딩에 적합합니다.
2) 텀블벅 : 독립출판 제작자와 소규모 출판사가 가장 많이 사용하는 크라우드 펀딩 플랫폼입니다. 출판 메뉴가 따로 있고 소액 펀딩도 가능하여 편리합니다. 수수료는 플랫폼 수수료가 성공 프로젝트 총 모금액의 5%(vat 별도), 결제·송금 처리 수수료가 총 결제 성공금액의 3%(vat 별도)로 모금액의 약 10%입니다. 평균적으로 한 달 펀딩 기간을 잡고 펀딩 목표액은 50만 원부터 300만 원까지 다릅니다. 펀딩 할 때는 모든 제작비 충당을 목표로 하지 말고 일부 출판물 판매 및 홍보 수단으로 사용하는 것이 좋습니다.
3) 해피빈 : 사회적 기업이나 사회에 선한 영향을 끼치는 주제의 펀딩이 많습니다. 해피빈에서 펀딩을 하면 네이버 노출 효과로 홍보에 도움이 됩니다.

도서 이벤트

출판사에서 대형서점이나 온라인 체인서점과 함께 도서 이벤트를 많이 진행합니다. 흔하게는 굿즈 이벤트와 리커버 이벤트가 있습니다. 하지만 최근에는 개인 독립출판제작자나 독립출판사가 독립서점과 함께 꽤 많이 진행합니다. 개인 또는 독립서점 소셜네트워크서비스를 통해 도서 증정 이벤트, 사인본 이벤트, 굿즈 증정 이벤트는 물론 단독 리커버 도서 이벤트와 작가와의 만남 등을 진행하기도 합니다. 이외 최근에는 책 리뷰를 전문으로 하는 계정이 많아져 책을 공급하고 책 소개를 요청하는 서평 이벤트도 많습니다.

영상/카드뉴스

북튜버, 북 큐레이터 및 도서 콘텐츠 플랫폼을 통해 영상, 카드 뉴스 홍보를 진행합니다. 북튜버나 북 큐레이터에 의해 선정되어 무료로 진행되기도 하고, 일정 광고비를 내고 유료로 홍보를 진행하기도 합니다. 개인 소셜네트워크서비스 계정보다 구독자, 팔로워 수가 높고 독립출판물을 소비하는 타깃과 잘 맞아 홍보 효과가 높습니다.

북 토크, 강연, 전시 등

독립서점의 증가로 독립출판제작자의 북 토크나 클래스, 강연 기회도 늘고 있습니다. 그림이나 사진이 주를 이루는 출판물이라면 독립서점 내 작은 전시도 책을 홍보하는 데 좋은 방법입니다. 이처럼 자신의 책이 입점 되어 있는 서점에서 책과 관련한 프로그램을 함께 기획 또는 대관하여 진행한다면 책 홍보에 많은 도움이 됩니다. 소량이지만 책 판매도 이뤄지고 서점과 참가자들의 SNS에 노출되며 다른 서점에서 연락이 오기도 합니다. 또한, 꾸준히 책 관련 활동을 하다 보면 기관, 기업, 단체 등에서 연락이 와 새로운 기회를 만나기도 합니다.

퇴근 후, 독립출판

초판1쇄 인쇄 2021년 9월 14일
초판1쇄 발행 2021년 9월 21일

지은이 구선아
펴낸이 최병윤
편집자 이우경
펴낸곳 리얼북스
출판등록 2013년 7월 24일 제2020-000041호
주소 서울시 서대문구 증가로30길 29-2
전화 02-334-4045 팩스 02-334-4046

종이 일문지업
인쇄 수이북스

ⓒ구선아
ISBN 979-11-91553-17-8 13800
가격 13,500원

잘못 만들어진 책은 구입하신 서점에서 바꾸어 드립니다.
독자 여러분의 소중한 원고를 기다립니다(rbbooks@naver.com).